想逃？沒那麼容易！

曾春僑、鄒濬智——著

看現代犯罪偵緝如何實踐三十六計

序言

犯罪偵查是高度應用的科學，隨著社會演變與警方查緝工具發展，犯罪手法與型態隨時不斷變動，因此每一次的偵查過程都是一項全新的挑戰，但運用的技巧及原則幾乎亙古不變。筆者在警校授課過程中，常以各種實務案例說明犯罪偵查方法，久而久之，發現這些前輩們累積下來的偵查經驗，幾乎可以逐一套用到「三十六計」內。經過半年來的整理，終將各計策對應的案例化為文字，提供司法人員及對犯罪偵查有興趣的讀者參考。

犯罪偵查是一團隊作戰的工作，非有完整的組織與策略難以克竟其功。本書所列案例均為筆者與過往同事共同合作的成果。在現今嚴格檢視警察執法程序的社會氛圍下，執法工作更是如履薄冰，不能有絲毫差錯，相較於同事日夜埋伏、拋家棄子，甚至奉獻生命的付出。筆者僅乘出版之便，將相關案例集結成冊，對改善臺灣治安的付出，根本微不足道。本書能順利付梓，真正要感謝的是那些在背後默默努力，為打擊犯罪無私奉獻的警界無名英雄。因為你們，才讓筆者智慧有所增長，順利完成本書的撰寫。

筆者從警與執教，一路走來，各界前輩不吝給予指導、包容與忍耐。沒有前輩的偵查經驗傳授，一切都只是紙上談兵。筆者亦藉此書，對於仍處第一線工作的前輩、同仁獻上最高的敬意。

最後說明的是，本書刑事案例、加註的刑事司法理論與知識，由曾春僑負責；全書寫作發想、三十六計智謀詮解與舉例、全書章節安排及潤稿，由鄒濬智負責。書中所收相關案例均省略更細節的辦案手法與案件背景資訊。同時為求保密，部分情節容有虛構；若偵查界前輩仍覺太過詳細或有曝露重要情資之虞，敬請不吝指正賜教，有機會再版時，當即修正。

曾春僑、鄒濬智
謹序於龜山誠園
二〇一六年八月

目次

第一卷　勝戰計

第一計　瞞天過海

計謀釋義

《三十六計．勝戰計．瞞天過海》原文為：「備周而意怠，常見則不疑，陰在陽之內，不在陽之對。太陽，太陰。」意指自認為準備得萬分周到，就容易懈怠；平時看著習慣的，往往也不會起疑心，陰謀隱藏在暴露的事物中，並不會和公開的形式截然兩分。非常公開的事物中往往隱藏著非常機密的陰謀。

「瞞天過海」計名出自《永樂大典．薛仁貴征遼事略》，它的中心思想在於：用最稀鬆平常的外表來騙過敵人。「瞞天過海」與「欺上瞞下」或「掩耳盜鈴」等並不相同；雖然各在某種程度上都含有欺騙的成分，但本計的運用，著眼於人們對某些事情習以為常、見怪不怪，不會把注意力放到這些事情來，於是就不自覺地產生了疏失和鬆懈。利用這種心理，往往可以乘虛而入，用常見的事物掩飾真正的行動，殺敵人一個措手不及。

古代戰例

隋朝將大舉攻打陳國前夕。定都於建康的陳國非常緊張。戰前，隋朝將領賀若弼因奉命統領江防，經常組織沿江守備部隊調防。每次調防，賀若弼都命令部隊集中在歷陽。他還特地的要求三軍在集中之時，必須大插旗幟，遍設營帳，誇張聲勢，用來威嚇陳國；但此舉其實是在迷惑和痲痺陳國。一開始，陳國受到威逼，果真備戰，盡發國中士卒兵馬，調到前線，準備迎敵面戰。可沒想到隋朝每次都只是集結軍隊而不過江。時間一久，陳國便以為這個地方的隋軍如果有什麼調動，就只是單純移防而已，便也不再加對之以提防。

時日一久，隋軍因調防頻繁，對這個地方的軍事地理已經十分理解，加上陳國對隋軍大動作的調度司空見慣，戒備有所鬆懈。隋將賀若弼見時機成熟，便派大軍渡江而來，而陳國卻一點也沒有覺察。因此隋軍如同天降神兵，陳國軍隊猝不及防，隋軍一戰便拔取了陳國的南徐州，大傷陳國元氣。

警界與匪鬥智之「瞞天過海」篇

人口販運是國際公罪，其包括的犯罪態樣主要有性剝削、勞力剝削與器官摘除三種類型。以臺灣常見的案例類型而言，最多的就是性剝削的態樣。在還沒開放對岸民眾來台自由行之前，有意來台賣淫的女子多是透過仲介，以偷渡或是假結婚的方式來台。為了避免這些來台女子隨意行走暴露行蹤，也為了方便管理與控制，應召站業者通常會租下套房，作為來台女子居住及賣淫的場所。①

警察對於商業區之套房，雖然無法固定清查，但多會與物業管理業者保持一定關係，尤其大樓的管理員更是警察的重要耳目。若發現頻繁出入的可疑人士，管理員也會習慣通知警方。有一段時間，本人轄區內的應召站業者似察覺到警方透過管理員得到情報方法，因此轉移應召站女子至大學區附近的男女混居之出租學生套房。這類套房通常具有一些特性，例如鄰近飲食街，生活機能方便；為了節省經費，不會再另行聘僱管理員；大學生的生活不定時，所以隨時有人進出也沒有什麼特別可疑之處等。應召集團租下該大學附近的學生套房後，幾乎不再遇到警方查緝，業者也賺進大把大把的鈔票。

不過業者千慮，終有一失。風聲最後傳到警方耳裡。為了防治人口販運之行為，並避免學生出租套房引起更多不必要的治安事件，造成輿論壓力，警方決定對轄區內存在情交易問題的學生套房進行清查。選定目標後，為了瞭解應召站的作業模式，確保畢其功於一役，沒有漏網之魚，警方決定也在該大樓內租下一間學生套房，全程觀察該批女子作息、出入動線以及接送工具等等。

為了避人耳目，出面承租與在該處設點之警方工作人員，必須沒有「執法人員」的氣質。偵查隊長觀察隊內同仁，在長期偵辦案件的壓力下，不是略顯蒼老、體態肥胖，就是有一雙銳利的眼神，毫無大學生的樣子。若請這些同仁進駐學生套房，勢必引起業者懷疑而轉移根據地。偵查隊長轉念一想，最近正好有一批特考班學生分發該分局，年齡多在三十歲之內，而且其中兩人正好是該學生套房地域附近大學畢業的學生，於是商請派出所主管幫忙，暫行借調該兩位新科員警支援，假扮情侶同居入住該處。

為了不引起懷疑，特別要求支援同仁執勤時裝扮成大學生樣子，例如出入都以二手機車代步、三餐不定時、在房間內故意大聲講話，討論功課；有時還假裝情侶吵架、或是將電玩遊戲喇叭聲量開到最大等等，藉此降低業者戒心。另一方面，還請他們不時走出房門泡茶與泡麵，利用時機觀察究竟有哪些房間為非法應召女子所居住，以便後續申請搜索票時能精確掌握地點；甚至為了讓演出更為逼真，支援的女警甚至將家中的愛犬帶至該處所，塑造豢養寵物的大學生假象。同時亦於窗邊隱蔽處架設錄影機，觀察大樓出入口狀況，一來確認入住女子人數、長相，二來抄錄馬伕使用之交通工具車牌號碼，三來藉以了解其生活作息，並通報附近警員在適當的時間追蹤馬伕落角處，期能於行動當天將所有違法人士同步拘提到案。

蒐證完畢，各相關人士的落腳處都掌握到後，見時機成熟，警方申請搜索票，兵分多路，於多個處所同步行動，查扣到帳冊、保險套、潤滑液、避孕藥等相關犯罪證據資料，也順利地瓦解該應召組織。

偵查小知識

①根據《人口販運防治法》規定，人口販運的定義為：（一）指意圖使人從事性交易、勞動與報酬顯不相當之工作或摘取他人器官，而以強暴、脅迫、恐嚇、拘禁、監控、藥劑、催眠術、詐術、故意隱瞞重要資訊、不當債務約束、扣留重要文件、利用他人不能、不知或難以求助之處境，或其他違反本人意願之方法，從事招募、買賣、質押、運送、交付、收受、藏匿、隱避、媒介、容留國內外人口，或以前述方法使之從事性交易、勞動與報酬顯不相當之工作或摘取其器官；（二）指意圖使未滿十八歲之人從事性交易、勞動與報酬顯不相當之工作或摘取其器官，而招募、買賣、質押、運送、交付、收受、藏匿、隱避、媒介、容留未滿十八歲之人，或使未滿十八歲之人從事性交易、勞動與報酬顯不相當之工作或摘取其器官。

第二計　圍魏救趙

計謀釋義

《三十六計．勝戰計．圍魏救趙》原文為：「共敵不如分敵，敵陽不如敵陰。」意指讓敵人共同以我為敵人，不如分化敵人，對現在還不急於消滅他的敵人，要隱藏我們想消滅他的意圖。

「圍魏救趙」計名出自戰國時代孫臏圍魏救趙、打敗龐涓的故事。它的中心思想是：藉由分化敵人的力量，趁小部分的敵人露出弱點時，給予致命的打擊。對敵作戰，就好比治理洪水，當敵人來勢洶洶，千萬不可硬碰硬，而要先躲過第一波的衝擊，這就像用疏導之法將大水給分流一樣。反之，對弱小的敵人，則是盡力抓住時機消滅它，這就像修築堤防，不讓洪水漫流那般。對敵人，應該避實擊虛，攻其要害，讓敵方不得不有所顧慮；有了顧慮就會受到牽制；不得已受你控制，那麼原先因為敵人所造成的困境，自然可以解決。

古代戰例

清軍派和春率領數十萬大軍進攻太平天國的都城天京。為了解救天京，天王洪秀全召集諸王眾將商討對策。此時，忠王李秀成為洪秀全獻上一計。他說：「如今清軍人馬眾多，硬拼只怕凶多吉少。請天王撥給我兩萬人馬，乘夜突圍，偷襲敵軍屯糧之地杭州。清軍一定會分兵救援杭州。然後天王就可乘此機會突圍，我再回兵天京，形成兩面夾擊之勢，天京之圍自可解決。」翼王石達開急忙附議，並表示他也願帶一支人馬協同忠王作戰。

正月初二，正值農曆新年，清軍仗著人多勢眾，已把天京團團圍住，像個鐵桶般牢不可破。可遇到春節，軍隊的攻勢也就略略有些鬆懈。半夜時分，李秀成、石達開各率一部人馬，乘著黑夜成功突圍出去。清將和春看到是小股部隊逃竄，並未追擊，仍舊按兵不動。二王突圍後，分兵兩路：李秀成奔杭州，石達開奔湖州。李秀成攻下杭州之後，果然吸引圍困天京的清軍的注意。和春急令副將張玉良率十萬人馬，火速回救杭州。這時李秀成再和石達開率部回撤天京。順利在城內外對清軍形成夾擊之勢，清軍因此慘敗。短時間內，清軍已無力再打天京。

警界與匪鬥智之「圍魏救趙」篇

今日出現一種新型態的販毒手法，常為中小盤層級的毒販所使用。嫌犯平時住在高級豪宅內，若有下游要向其購買毒品時，賣方會邀請對方至豪宅內測試毒品品質，商談毒品交易的數量及方法。為了避免警方查緝及下游毒販趁機黑吃黑，做為基地的豪宅內僅藏有部分毒品，供買家試用，就算警方到場查緝，也只能以最輕的吸食罪處理；而下游若想要藉機強盜毒品，亦無法順利得手。在豪宅內試用並談妥交易後，毒販通常會先收一半貨款，再與買方另行約定時間地點取貨與交付尾款。整個交易流程將遇警察查緝與黑吃黑的風險降至最低，為警方的毒品查緝工作帶來很多困難。

某日警方接獲線報，毒販小馬出獄後又重操舊業。小馬就是慣於使用前開交易方式的毒品中盤商。經跟監後發現小馬租賃臺中市七期重劃區內的豪宅作為販毒據點。由於該豪宅位於保全層層守護的大樓內，且各戶均可隨時監看一樓監視錄影系統影像，警方若貿然前往，行動容易曝光。警方於是先從其周圍交往對象下手，在所有關係人當中確認了小馬女友的身分，亦對該女子展開監控，確認了某進口轎車為小馬女友的慣用交通工具。

同時警方得知該棟大樓內正好有一戶住宅要出售，因此前往房仲公司表明身分，希望業者可以藉口帶警方前去看屋，讓警方可以勘查地形，作為攻堅的參考。同時警方也趁此機會進入地下室，從小馬女友進口車停放的停車格編號，回推確認了小馬的租賃地點。

警方長期監控小馬的女友，發現她在在接獲供貨電話後一兩天，常會開車至某私立大學附近的出租套房停車，警方推估該處即為毒品倉庫。由近幾年法院判決來看，執法人員緝獲毒品，尚須同時有相關人犯隨同移送，否則將難使毒販定罪。所以警方決定仍以小馬所在的豪宅為毒品查緝的重點，申請搜索票開始行動。

取得搜索票後，[2]警方趁小馬女友外出送貨之際，先監控其女友移動軌跡，再進入小馬的豪宅內搜索。如同先前預料，屋內只有少量毒品，小馬也供稱係其自己吸食所用。不過警方在豪宅內發現不少帳冊，換算下來，每日出貨量將近一公斤，現場查扣的五十餘萬現金也與出貨量相符，加上屋內還有點鈔機等證物，顯見小馬的毒品進出貨量極為可觀。種種跡象顯示未查扣的毒品應該還有將近十公斤以上，但後來在馬路上攔查小馬女友座車，也只在車內查獲近一公斤毒品而已——小馬絕對有所隱瞞。為了讓小馬把所有毒品全部招出，警方決定使用「圍魏救趙」一計，全力圍攻小馬的女友，希望小馬為了救他的女友，把不法情事和盤托出。

警方先是問小馬：

看這麼大批的毒品，是要你一個人擔還是和女友兩個擔。社會很現實的，有辦法逃，那是你的能耐；現在被查到了，最好乖乖配合。是男子漢就自己承擔，不要拖累女友。我們有辦法查到這裡，你的窩我們也差不多都知道了，你自己交待，否則我們一直辦下去，你的女友絕對要關很久。

給小馬施加壓力後，他即帶警方到原先警方已經掌握的某私大附近出租套房內，起出近八公斤毒品。

警方估算一下，毒品數量大致與帳冊記載內容相符，但考慮小馬的前科，偵查隊長直覺小馬可能不老實，於是再繼續「圍魏救趙」：

你是把我們當白痴嗎？監控你三個多月，你每天出多少貨，我們都知道，你自己卻不知道？只有八公斤，你自己去跟大隊長與檢察官說幫你運貨的女友是無辜的。你不乾脆一點交出來也沒關係，那我們就改辦你女友。你女友一直幫你送貨，其他藏貨地點他心裡也清楚，到時候因為辦她而查獲到的貨，全部都算在她頭上，你要害你女友就繼續裝龜孫子，都不要講話最好！

小馬見無法抵賴，加上維護女友心切，於是又帶同警方前往另一個套房據點，又起獲八公斤左右的毒品。本來偵查隊長心想查到的毒品夠多了，但又轉念想到「槍毒不分家」——貨這麼多，沒有一點火力，怎麼保護自己？於是當場下令，將整個套房給全翻了——床墊、天花板、馬桶水箱等全部拆掉，嫌犯當場傻眼。

隊長接著說：「你不會不知道我要幹嘛吧？槍最好乖乖交出來，有線民跟我們說，你出門都隨身帶槍的。」小馬聽完，又乖乖交出一把改造手槍以及十發的制式子彈。但隊長看了覺得不對，這麼爛的改造手槍，何必配備如此精良的制式子彈呢？於是又說：「我不講，你就不交待；線民跟我們說的不是這一支，還有更好的。你不拿，那這把土製手槍就算你的；待會兒我們搜到的，就都算你女友的。」於是小馬才又交出一把制式手槍與小型衝鋒槍。警方清點現場成果，毒品數量確實符合帳冊的記載；槍枝火力也大致符合一位中盤毒販該有的等級，偵查隊長才下令收隊。

利用搜集到的完整資訊與「圍魏救趙」的偵訊技巧，警方順利拔除中部地區的一名毒品中盤商以及他的上下線，避免毒品與槍械流入市面，影響治安。

偵查小知識

②搜索可以為有票及無票搜索。有票搜索係指：（一）由法官或檢察官主動交付搜索票執行者；（二）警察機關自行聲請搜索票執行者，應備妥聲請書，由分局長以上之司法警察官具名，並由案件承辦人或熟悉案情之人攜帶警察人員服務證，親自持聲請書及有關事證資料，先向檢察官聲請許可後，再向管轄法院值日法官聲請簽發。無票搜索係指：（一）附帶搜索：逮捕被告、犯罪嫌疑人或執行拘提、羈押時，雖無搜索票，得逕行搜索其身體、隨身攜帶之物件、所使用之交通工具及其立即可觸及之處所；（二）對人之緊急搜索：下列情形之一，雖無搜索票，可以直接搜索住宅或其他處所：1.因逮捕被告、犯罪嫌疑人或執行拘提、羈押者，有事實足認被告或犯罪嫌疑人確實在內者。2.因追躡現行犯或逮捕脫逃人，有事實足認現行犯或脫逃人確實在內者。3.有明顯事實足信為有人在內犯罪而情形急迫者；（三）依《刑事訴訟法》第八八條之一第三項規定，執行逕行拘提者，準用附帶搜索及對人之緊急搜索；（四）對物之緊急搜索：檢察官依《刑事訴訟法》第一三一條第二項指揮警察人員執行逕行搜索；（五）依《刑事訴訟法》第一三一條之一經受搜索人同意執行搜索。

第三計　借刀殺人

計謀釋義

《三十六計．勝戰計．借刀殺人》原文為：「敵已明，友未定，引友殺敵，不出自力，以《損》推演。」意指作戰的對象已經確定，但朋友的立場還不確定，便要誘導朋友去消滅敵人，避免消耗自己的力量。這符合《易經．損卦》所說的：「調換我和朋友利弊」的精神。

「借刀殺人」計名出自明代汪廷訥的戲劇作品《三祝記》，該劇述說北宋范仲淹的政敵想利用西夏兵殺掉范仲淹的故事。它的中心思想是：利用外部的力量解決敵人，自己完全不必出力。此計是封建時代，官員之間為了消滅不同陣營的敵對勢力所使用的政治權術之一。用在軍事上，主要體現在善於利用第三者的力量消滅對手；或者利用、製造敵人內部的矛盾，使一小部分敵人變成友軍，代替自己消滅主力敵軍。「借刀殺人」

就是為了保存自己的實力，讓別人幫自己出力。同時，「借刀殺人」也可以驗證友軍的忠誠——當敵方動向已明，便千方百計誘導態度曖昧的友方迅速出兵攻擊敵方，視友軍的意願，便能清楚知道他對自己的態度了。

古代戰例

春秋時期，鄭桓公襲擊鄶國之前，先派出間諜打聽到鄶國有哪些有本事的文臣武將，有可能在兩國的戰爭中為鄶國效力，對鄭國不利。接著鄭桓公煞有介事的把這些人的名字寫成了一張名單，當眾宣布若順利打下鄶國，將分別給這些文臣武將加官晉爵，還將把打下來的鄶國土地分封給他們。

擔心鄶國內部不知道自己的大動作，鄭桓公還十分慎重的在城外設下祭壇，將他預擬的鄶國臣將名單埋於壇下，對天盟誓，表示一定會說到做到。鄭桓公這樣公開宣示要收買鄶國文臣武將的行為當然傳到鄶國國君的耳裡。他一聽到這個消息，怒不可遏，沒有查清楚自己的大臣是否真的跟鄭國有勾結，便一味的責怪臣下想要叛變，一口氣便把名單上所有賢臣良將全部殺害。沒有輔國臣將的協助，想當然爾是鄭國輕而易舉地便滅了鄶國。

警界與匪鬥智之「借刀殺人」篇

臺灣的詐騙犯罪是目前最嚴重的治安問題之一。由於媒體的關切，加上警方大力掃蕩，大多數以臺灣人為主的詐騙集團，他們的電信機房已經轉往國外，也改以境外發話方式，詐騙全世界各地的華人，形成另類的「臺灣之光」；留在臺灣的則多半只有犯罪流程中最末端的提款車手。③

車手就是受詐騙集團上游唆使，持著蒐購或是騙來的提款卡，至各地提款機提領詐騙所得的嫌犯。除了以提款機提取，也有詐騙集團在騙取當事人信任後，直接派出車手假冒檢察官或書記官，至被詐騙民眾家中詐取現金的情況。根據行規，這類車手大約可以分得詐騙金額的二—五%作為佣金，若以一天可提領一百萬元的不法所得來計算，則車手最少有新臺幣兩萬元的進帳。這麼高的報酬率，吸引許多不想努力工作的人鋌而走險。也因為進入的門檻低，許多年輕、不愛讀書、蹺家輟學的少年搶著當車手。警方除了偵辦詐騙案件外，也特別留意轄內可能有犯罪之虞的少年去向。

一如往常，某轄區偵查佐小蔣晚上趕回辦公室值班前，途經便利商店，打算買些食物當宵夜。小莊突然想起明日以前尚須繳付小兒子的保母費用，所以走到超商內的提款機打算提款。但提款機前正在提款的少年，操作提款機時不斷的翻閱小筆記簿，好像對所使用的帳戶並不熟悉，加上用完一張提款卡後，接著再拿出另一張卡片提款，手上的現金成堆，也不像是一個少年所能擁有的資產；少年的種種舉動均符合詐騙集團提款車手的特徵。小莊不動聲色的聯繫同事前來支援盤查，順利將該少年帶回，從他身上搜出許多提款卡及近七十萬現金。

由於該少年口風很緊，否認擔任車手工作，聲稱其是在某處巷內撿到一裝有密碼、提款卡的包包，基於貪心與好奇心才前來提款。該少年未成年，警方依規定通知家長到場，本以為家長到場後會曉以大義，少年就會全盤托出。沒想到家長一到，即聯繫律師到場協助，並要該少年保持沉默，一切等到法庭再說。警方無奈只能依據現有事證，將少年移送轄區少年法院處理。

少年先聲稱提款卡是撿到的，企圖中斷警方向上查案的可能，看警方掌握了一部分證據，打算移送，又說自己是第一天上工就被抓，企圖製造「初犯」的印象，以求輕判。從該少年及他的家長的種種反應，推測他應該擔任車手已經好一段時間。而詐騙集團除了利用「高薪、輕鬆」誘惑未成年人擔任車手外，也可能早就對這些年輕人做好行前教育，灌輸他「未成年，什麼都不用怕」的觀念，也許還教授了一些簡單的法律常識，所以該少年在警局做筆錄時才一付從容、老練，不在乎的模樣。

一位年輕的偵查佐看了氣憤不平的說：

就這樣移送他去法院，然後輕鬆交保，被害人怎麼辦？好不容易抓回來，不趁現在問清楚，豈不是縱虎歸山？而且法律本來就賦予我們訊問的權力，把握一下時間，在二十四個小時內想辦法補強證據，難道不行嗎？

不料偵查隊長冷冷的回說：

你放心，既然他那麼會耍油條，我們就先放他走，但我敢跟你保證，七天內，他和他的家人一定會回來找我們幫忙，還會跟我們坦承一切。你有沒有聽過什麼叫「借刀殺人」？對付這個少年，我就打算要「借刀殺人」，而且我現在不只是借一把刀，我還要借兩把刀，讓詐騙集團的高層和車手互砍，我們只要靜靜的等待就好。

年輕的偵查佐一付不可置信的樣子，偵查隊長接著說：

你大概還不清楚詐騙集團裡的生態。你要知道，犯罪者的圈子內是互相不信任的；換句話說，就是每個人都在想著如何設計別人，也在預防著被他人設計——每個人都怕被黑吃黑。這個車手以為他很厲害，以為閉口不講，還找律師來對付我們，就萬無一失，其實他澈底錯了。這次查扣的現金雖然只有七十萬元，到了少年法庭，可能只會被裁定交由家長先行帶回。但是贓款及提款卡一定會被當成贓物先行扣押，詐騙集團怎麼可能放過這位少年呢？

詐騙集團一定會認為是少年侵吞了所有贓款還有提款卡，然後瞎掰被警察抓的假象。你放心，這種情況，詐騙集團一定會起疑的，因為法院既沒裁定收容，還讓少年大搖大擺地走了，集團老大肯定會認為是少年自己瞎掰，實則私吞了卡片和現金；他們既然這麼想，就一定會給少年一個教訓。我就順勢利用詐騙集團給少年一次「機會教育」，這就是我要借的第一把刀。

等到少年被教訓了，他或他的家人為了脫身，一定會出來指認詐騙集團的犯行，④讓我們順利瓦解該集團，這是我借的第二把刀！

果然少年一回到家，詐騙集團即奪命連環call，要少年將現金與提款卡交出來，並清楚交待為何提完錢沒有立即回報及繳款。雖然少年解釋遭到警方查獲，但集團完全不相信少年被抓了，警方竟毫無動作，少年也沒被羈押。於是唆使同夥將少年帶走，毒打一頓，還要少年家長補償相關損失。少年的家長此時才驚覺，當初自以為聰明的在警方面前想要保護小孩，結果反而害了自己的兒子。如今小孩在詐騙集團手中飽受摧殘。少年的家長後悔不已，趕緊回過頭來跟警方報案並拜託警方趕快將少年救出來。

警方在少年家人的配合下，進入少年家中搜查各種可能線索。經由過濾少年電腦內的資料，得知其與詐騙集團連絡的方式與集團成員的躲藏地點，成功救出該名少年。少年獲救後，除了全盤承認擔任車手的事實外，並反過頭來指證該集團種種罪行，警方利用「借刀殺人」一計，輕輕鬆鬆的偵破轄內狡猾的詐騙集團。

偵查小知識

③《刑法》上所定之詐欺罪，係指嫌犯以不法之手段或詐術等方式，取得被害人之財物或財產上之不法利益。而所謂「詐術」乃指以「欺騙」之方法，使人陷於錯誤而為交付，從而取得本人或第三人所操有之財物。所謂之「詐術」，所施用之方法無明確之限制，如以驅鬼代人治病、詐取財物；律師承辦民刑事訴訟、詭稱法官需賄、吞沒入己，或虛設公司行號、詐取貨物及貸款等，或以招攬民間互助會，再偽稱其他人得標詐領會等等，均屬詐欺之行為。是以詐欺犯罪當為財產性犯罪，究其發生原因除嫌犯惡意設局詐騙被害人、或乘其精神未能辨識，而乘機詐取財物外，另一方面又有被害人本身因貪圖暴利，而誤陷嫌犯所設計之騙局使然。現今詐騙已走向團隊作戰方式，詐騙集團之犯罪分工細密，演化成境外Call客集團、境內車手集團及地下洗錢集團等三種模組，警方打擊查緝通常僅能查獲單一犯罪模組，如境內車手集團，在「量刑低、獲利高」之誘因下，極易再生，周而復始，重複犯罪。而詐騙集團常藉「工作輕鬆、高獲利、量刑低」等理由，吸收車手犯案，因車手並非詐騙集團核心成員，常能獲取飭回或交保，且犯罪所得認定要件嚴苛，詐欺罪獲利豐碩，無法產生刑罰威嚇效果，國內車手已有「年輕化、累犯化」趨勢，將成為惡性循環，國內詐欺犯罪已有紮根發展趨勢。

④依根據《警察偵查犯罪手冊》規定，為確認犯罪嫌疑人，可實施被害人、檢舉人或目擊證人指認犯罪嫌疑人，應依下列要領為之：（一）指認前應由指認人先陳述犯罪嫌疑人特徵；（二）指認前不得有任何可能暗示、誘導之安排出現；（三）指認前必須告訴指認人，犯罪嫌疑人並不一定存在於被指認人之中；（四）實施指認，應於偵訊室或適當處所為之；（五）應為非一對一之成列指認（選擇式指認）；（六）被指認之數人在外形上不得有重大差異；（七）實施指認應拍攝被指認人照片，並製作紀錄表附於筆錄；（八）實施照片指認，不得以單一相片提供指認，並避免提供老舊照片指認。

第四計　以逸待勞

計謀釋義

《三十六計・勝戰計・以逸待勞》原文為：「困敵之勢，不以戰，損剛益柔。」意指控制敵方力量發展的命脈來扼殺他，而不採取主動進攻的手段，這符合《易經・損卦》所說：「剛強容易折損，柔弱反而有利」的道理。

「以逸待勞」計名出自《孫子兵法・軍爭》，它指先一步占得優勢，便能取得勝算；這是個輕鬆控制、制服敵人的方法。它的意思並非指選擇一個良好的地點等待敵人上當；而是利用簡單、輕便、代價低的方式，扼住敵人的要害——或者營造出一個有利或有害的局勢，輕輕鬆鬆的控制敵人、牽著敵人的鼻子走。所以不可把以逸待勞的「待」字理解為消極被動的等待；要能控制敵人，事前一定有積極的作為。能夠控制敵人的行動，讓他能或不能做決策，這場仗自然是一定可以取勝的了。

古代戰例

三國時期，吳國殺了關羽，劉備怒不可遏，親自率領七十萬大軍伐吳。蜀軍從長江上游順流進擊，居高臨下，勢如破竹。連勝十餘陣，銳氣正盛，直至彝陵、哮亭一帶才止。此時蜀軍已深入吳國腹地五至六百里。孫權命青年將領陸遜為大都督，率五萬人迎戰。陸遜深諳兵法，正確地分析了形勢，認為劉備銳氣始盛，並且居高臨下，吳軍難以進攻。於是決定暫避其鋒，以觀其變。

吳軍主動讓出山地，反而將蜀軍困在五至六百里廣的山地，難以展開。蜀軍，欲戰不能，兵疲意阻。相持半年後，蜀軍鬥志鬆懈。陸遜看到蜀軍紮營，綿延數百里，首尾難顧，為了避暑熱，還在山林間紮寨，更犯了兵家大忌。眼見時機成熟，陸遜下令全面反攻，打得蜀軍措手不及。陸遜更放了一把火，燒毀蜀軍七百里連營。大火當中，蜀軍大亂，傷亡慘重。陸遜此戰，是史上以少勝多、後發制人的著名戰例之一。

警界與匪鬥智之「以逸待勞」篇

北部某大城市靠近山邊的地區，為早期來台軍公教人員落腳處所，早年因待遇不佳，故對居住品質無法太過要求，建築也以五層樓或四層樓之無管理員看守的老舊公寓居多，因居民多重視子女教育，嚴加管教交往對象，且並非豪宅式建築，不曾吸引到宵小的目光，故治安狀況一向平穩，未有特定分子出入，除偶有順手牽羊的盜賊光臨外，長期以來治安狀況均為各區之表率。

惟近來竟發生多起公寓住宅二樓遭竊之案件，⑤由於每件損失金額不大，單一案件均未超過刑事局認定之重大竊案金額——超過新臺幣五十萬元——之標準，故初期均以一般偶發性竊盜案件處理，勘查採證完畢，未能發現足資確認嫌犯身分的跡證後，即將相關資料歸檔，而該地區因為住宅較為老舊，監視錄影系統品質較差，對於嫌犯身影也無法有太多的掌握。

由於歹徒一再犯案，逐漸令警方不堪其擾，加上居住於該區一位較有社會影響力的人士聽聞此狀況，開始關心此一連串事件，使得警方逐漸感受破案的壓力，心想若再不破案，他日登上社會新聞版面後，將面臨排山倒海的更大壓力。

由於這一連串案，都沒有一件未能有效突破，新上任的偵查隊長於是調閱每一住宅竊盜案件的細部勘查資料，期待能有所發現。經向到過現場的同事詢問後，得知這些案件，歹徒做案手法幾乎如出一轍，[6]亦即只選老舊公寓二樓下手，而這些公寓的一樓，通常有許多違章車庫，其上的遮雨棚即成為歹徒遊走各棟大樓二樓公寓的捷徑。另外，這些公寓二樓有一共同特性，即防盜窗老舊，年久失修，以簡易工具即可輕易破壞進入。獲得此寶貴分析意見，偵查隊長決定再請勘查人員篩選出幾乎可以確定為同一人所為的案件，最後以手套紋路與鞋印大小形狀等，篩選出幾乎確定應為同一人所為的近二十件案件。

偵查隊長再以刑案紀錄表記載之欄位，[7]包括犯案地點、時間、位置等交叉分析，輔以科學化之方法，計算案件擴張之距離及趨勢，發現歹徒作案方式較為固定——歸納出歹徒作案模式為：出入點均為公寓後側之防火巷、選擇晚上十一時至一時犯案、一樓有遮雨棚、二樓防盜窗老舊、犯罪地點具推移性，每個星期固定於周末夜犯案，且作案達三戶後即收手。再配合google map計算距離，以google街景功能，觀察符合上述外觀型態之建築物，精準預測下次歹徒犯罪的時間、巷道位置。

於預測歹徒作案當日當時，偵查隊長集合全隊各刑責區員警實施勤教，告知本次埋伏地點，歹徒做案手法，並下令所有人員進行偽裝，各自打扮成遛狗民眾、情侶、散步運動居民、貼廣告業務人員、計程車司機等，在目標區域周圍佈崗。

果然，時間一到，即於該處見到一人躡手躡腳攀爬水管抵達車庫上方之遮雨棚，順著遮雨棚移動抵達二樓陽台，且逐一測試防盜窗堅固程度，選定目標後即進入行竊。警方此時心中竊喜，惟打算「以逸待勞」地蒐集齊全歹徒的所有罪證，所以僅通知遠方車內待命人員以高倍數攝影機全程錄影蒐證，待歹徒行竊完第三戶，準備離去時，偵查隊長一聲令下，所有路人瞬間全部變成偵查人員，向歹徒表明身分，輕易將歹徒緝捕到案，起獲贓物，並通知被竊居民清點財物損失情況。

被竊之居民睡夢中被叫醒，都深深感到不可思議，驚訝於警方效率如此之高，竟然在居民未發現遭竊之情況下，主動上門告知住家遭竊，且已緝獲嫌犯，因以對警方之辛勞大加讚賞。而警方亦乘勝追擊，利用偵訊手段，出示蒐證畫面。嫌犯見大勢已去，坦然承認所有竊盜案，困擾警方數月的連續侵入住宅竊盜案件順利宣告偵破。

事實上，本案透過犯罪分析，確認嫌犯犯罪模式，精準預測下一次犯罪發生地點，堪稱電影「關鍵報告」的現代化實踐，警方在預測地點埋伏，即將歹徒緝獲，免除以往大規模巡邏仍無法嚇阻歹徒的窘境。

偵查小知識

⑤依我國《刑法》第三二〇條規定：意圖為自己或第三人不法之所有，而竊取他人之動產者，為竊盜罪。意圖為自己或第三人不法之利益，而竊佔他人之不動產者，依前項之規定處斷。竊盜罪包括普通竊盜、加重竊盜、常業竊盜、電氣竊盜與親屬間竊盜等。而住宅竊盜，係泛指有人居住之各種建築物內之財物遭竊而言。在《刑法》上，則屬《刑法》三二一條之「加重竊盜罪」範圍。住宅竊盜案件不僅影響民眾生計、且犯罪數量大、警方破獲率低，並容易在被害人心中造成陰影，這些輕則影響心靈層面數小時至數天之久，重則造成恐懼現象，嚴重影響日常生活作息，例如缺乏安全感、害怕獨處等，更嚴重者甚至影響交友人際關係的正常發展。根據竊盜防制專家何明洲博士的研究，發現住宅遭竊時間在凌晨零時至三時比例最高、三成的民眾有重複遭竊經驗、警方之破案比率過低等特性。而根據對住宅竊盜者的實證研究，重要發現包括如下：（一）第一次犯案年齡平均為二十四歲，顯示慣竊相當年輕便開始犯案。若和泰源技能訓練所受刑人的平均年齡為四十歲比較，相差十六歲，可見慣犯均為長期在行竊，且未被警方所查獲；（二）犯竊盜案之前從事何種工作，依序為鐵工、送貨員、水電工、木工、水泥工。因此，鐵工、送貨員當小偷機率比其它的行業都高，值得注意；（三）屋後或屋旁有通道、鄰接施工中之建築物、沒有管理員的門廳、防火巷、地下停車場、出入口較多巷道等均是慣竊最喜歡潛入途徑；（四）小偷行竊時最先嘗試用開鎖方式進入，其次是窗未上鎖攀爬侵入、勾開鎖門侵入、門未上鎖侵入，若無上述狀況才採取破壞方式侵入；（五）老舊公寓加裝聲響防竊是非常好的措施，門鎖採用多重鎖／多道門栓、晶片鎖防竊有絕對幫助；（六）貴重東西存放銀行保管箱是最安全。若沒有銀行保管箱，家中廚櫃設計隱密之抽屜或暗門存放能有效防止被偷。

⑥「犯罪手法」的原文為modus operandi（MO），它是拉丁詞語，意思為「操作的方法」（method of operation），在此係指犯罪人為了成功完成犯案的行為，其主要在探究犯罪人如何犯案。原則上一般人犯案多會以自己的能力、知識、習慣、便利性、成功機率等因素作為如何從事犯罪行為的考量，因為可能有多種途徑或方法均可成功完成犯案，而在這些途徑或方法之間（例如犯罪的準備工作、犯案時間、地點的選擇、被害者的選擇、犯罪工具、技巧的選擇、脫逃路線等），要如何選擇，則端賴特定犯罪人或特定犯罪集團的決定，而其所選擇的特定犯罪方法即稱為犯罪手法。完整的犯罪手法分類檔案可以發揮辨識嫌犯、連結案件及擴大偵破等三項功能。警方分析出犯罪手法後，也可以逸待勞，針對其弱點加以攻擊。

⑦刑案紀錄之管理運用，係將一切刑案有關之人、事、時、地、物、原因、方法等查明詳實，並經各級主官（管）嚴格審核後，輸入電腦建檔、分析、統計，有效運用於偵防犯罪工作。而偵辦刑案可運用警察電腦之各種資訊紀錄資料，必要時得向刑事警察局紀錄科查詢進一步之詳細或分析資料。遇有可疑車輛、物品，應查詢是否失（贓）物，妥為運用，以期發現破案線索。

第五計　趁火打劫

計謀釋義

《三十六計．勝戰計．趁火打劫》原文為：「敵之害大，就勢取利，剛決柔也。」意指敵方遇到的危機很大，就趁機取利，這符合《易經．雜卦．傳》：「用優勢力量攻擊軟弱」的精神。

「趁火打勢」計名出自《西遊記》，它的中心思想其實就是落井下石——在敵人陣腳大亂的情況之下再給敵人沉重打擊；它的原意是：趁別家裡失火，一片混亂，無暇自顧的時候，還去搶奪人家的財物。乘人之危撈一把，看起來雖然是不道德的行為，但軍事講究的是勝負，本來就無關道德。計名中的「火」不一定是火災，它可以泛指對方的困難、麻煩。軍事上，敵人的困難不外有兩個方面，即內憂與外患。內憂如天災人禍、經濟凋敝、民不聊生、怨聲載道、農民起義、內戰連年等；外患如遭受經濟制裁、外交受阻、外敵入侵、戰事不斷等。敵方有內憂，就趁機占領它的邊疆領土；敵方有外患，就爭取他百姓的支持——敵方內憂外患岌岌可危，就是兼併它的最佳時機。總之，抓住敵方大難臨頭的危急之時，趕快入侵，肯定穩操勝券。

古代戰例

春秋時期，吳、越兩國爭戰多年，誰也不讓誰。一開始是越王句踐被吳王夫差打敗，為了留得青山在，句踐只好先對吳王夫差俯首稱臣。得到夫差信任，由人質順利被釋回國後，險些亡國的恥辱，句踐不敢或忘。他每天臥薪嘗膽來提醒自己亡國的教訓。經過二十年的休養生息，越國國力終於恢復，也完成了備戰的工作。

反觀此時的吳國奸臣當道，句踐先前送進吳國的美人也麻痺了夫差，讓夫差殺死了輔弼二代吳王稱霸的智囊伍子胥，加上吳國碰到十分嚴重的乾旱，國內作物枯死，河川乾涸，人民苦不堪言。而吳王夫差仍然不顧國計民生，還十分驕傲狂妄，認為自己可以當上東周諸國的霸主，竟然在國內空虛的情況之下，帶上全部的精兵北上中原，打算和各國諸侯在黃池會盟。此舉造成吳國更大的財政負擔。人民怨聲載道，政局動盪。越王句踐看到這個情形，覺得機不可失，便在范蠡和文種的幫助下，一舉入侵吳國，將吳國給滅了。

警界與匪鬥智之「趁火打劫」篇

某抽水站臨近大漢溪，是台北市與新北市臨界重要的排水防洪設施。由於附近如公廁等基礎設施完善，又有高架橋經過，橋下自然形成無家可歸遊民的集散地。

某冬清晨路人行經該處，發現一蜷縮於睡袋內的無名屍體，經相驗後，身體無明顯外傷，身體散發出濃濃酒氣，身上無足資證明身分之文件，旁邊散落有許多酒瓶，身旁大型塑膠袋內則裝有生活必需品等物資，亦無明顯打鬥痕跡。再查訪附近遊民，他們亦表示晚上未曾聽到爭吵聲音，檢警因而初步研判，該遊民應該是晚上喝酒過量，適逢天氣低溫，血管擴張，失溫導致心臟麻痺而死。因後來無人出面認領，相驗後，交由社會局以無名屍公告處理。

沒想到案發一個星期後，黃姓少年突至市刑大自首，表示殺了人。警方初見其人，直覺尤如遊魂——眼神空洞渙散，精神狀況看起來不太正常，還以為他是來惡作劇的。

沒想到他一來就表示與日前抽水站附近發現之屍體有關，該遊民原是他與同夥共同毆打致死。市刑大調閱資料，果然發現轄區分局曾經處理過該案件，趕緊會同分局，報請檢察官指揮偵辦，並趕在無名屍火化前啟動屍體解剖程序。

正式偵訊時少年表示自己屬於某詐騙集團，主要負責到遊民聚集地，如車站、廟宇等處，物色容易說服的遊民，表示可提供基本吃住與娛樂，但遊民必須集中住宿，並配合辦理相關證件。原來該集團做案模式係在找到可以下手的遊民後，帶其至各政府機關，聲稱證件遺失，重新補辦身分證、護照、駕照、台胞證、健保卡等證件，利用政府機構審核漏洞，換貼欲假冒遊民身分的潛藏治安顧慮人員之照片，再將該證件高價出售。居得假冒證件的人，可以使用遊民之身分行走各地，有好些通緝犯也因此順利潛逃出國。

除了出賣遊民身分，還利用遊民當人頭，大量辦理手機門號、帳戶後再販售與想利用手機犯罪的潛藏治安顧慮人員；更大量辦理信用卡、現金卡後結合不良商家，以刷卡換現金方式取得現金。以上種種相加，在一個遊民身上，至少可以榨得數百萬的不法利益。

沒想到某日晚上，死者酒後知道其被利用的結果可以取得數百萬不法利益，遂瘋言瘋語要求詐騙集團給予分紅，否則要將犯罪事實全盤告知警方。集團主謀見事跡即將敗露，遂慫恿旗下小弟毆打該遊民，一陣狂毆打後，死者連喊不敢後小弟們才罷手。怎知道到了清晨，該遊民已經死亡。詐騙集團眾人見打死了人，慌了手腳，便將屍體裝入其平常使用的睡袋內，連同其平日生活用品及飲後的空酒瓶等，趁清晨人煙稀少時，一併運至抽水站附近丟棄。但是棄屍後，黃姓少年終日心神不寧，無法成眠，只要闔眼，即見到遊民前來索命，服用大量安眠藥也不見效果，一個星期後，終於決定出面自首。

警方從少年的口供了解該集團勢必尚控制有不少遊民，且已經詐取高額之不法利益，為求將這一危害社會至大的集團一網打盡，便使出「趁火打劫」一計，趁黃姓少年睡眠不足、神志不清，加上害怕死者索命的心理，喝斥黃姓少年：

人死都死了，你在這裡假哭也沒用。冤死的鬼魂最兇，沒討到你的命絕對不會放棄。你若不把整個集團全都供出來，救出其他被害的遊民，做一點功德，我看你最後一定沒救！

黃姓少年殺人心虛、精神不濟，原本早已六神無主，又聽警方這樣預告自己的不幸，更加地害怕，於是除了仔細地將殺人過程說明清楚外，還把集團怎麼吸收成員、集團各員的身分、詐騙運作的模式、各樁犯罪的時間、據點等相關資訊一五一十全都招出來。沒想到黃姓少年一講完所有細節，便馬上沉沉睡去，直到第二天移送時被警方叫醒，才緩緩起身，並表示這是他出生以來睡得最甜、最安穩的一次。

獲得少年提供的寶貴情資，警方立即於刑警大隊內成立專案小組，分工到戶政事務所、銀行、通訊行、金融機構等處蒐集資料，並同步發動搜索，將相關人等拘提到案，也把一群遭受集團控制的遊民給救了出來。由於蒐集資料齊全，加上集團有明顯上對下控制關係，警方也順利將該集團成員提報為治平對象，並以組織犯罪加以偵辦，全案至此宣告順利偵破。⑧

偵查小知識

⑧根據《治平專案實施規定》，所稱治平專案檢肅目標須為黑道幫派、角頭或犯罪組織之首要，且具有相當影響力或惡勢力，檢肅後並能產生震撼效果者。所稱黑道幫派、角頭或犯罪組織之首要，不以經內政部警政署列管有案者為限。又隨機犯罪之擄人勒贖、強盜、搶奪、竊盜集團；或無暴力性之詐欺、走私集團，均不得陳報列為治平專案檢肅目標。

第六計　聲東擊西

計謀釋義

《三十六計・勝戰計・聲東擊西》原文為：「亂志亂萃，不虞，『坤下兑上』之象；利其不自主而取之。」意指敵人瞎碰亂撞，搞不清楚情況，這是《易經・萃卦》所說的：「坤下兌上」的混亂徵象。我們必須抓緊敵方失去判斷力的這一個時機加以消滅他。

「聲東擊西」計名出自唐代杜佑《通典》，它的中心思想是：轉移敵人的注意力，再趁機取得我方的好處。此計是運用「坤下兌上」卦象的象理。機動靈活地運用時東時西，似打似離，不攻而示它以攻，欲攻而又示之以不攻等戰術，造成敵人的錯覺，最後出其不意，一舉奪勝。使用此計，必須考慮對手的情況，如果敵人指揮官的個性確實可以被擾亂，用此計必勝；但如果對方指揮官頭腦冷靜，可能識破我方的計謀，此計就不可能發揮效力了。「聲東擊西」之計與「暗渡陳倉」之計相當，不過前者是隱蔽攻擊目標，後者是隱蔽攻擊路線，兩者小同，仍有大異（詳下）。

古代戰例

東漢時期，班超出使西域。但地處大漠西緣的莎車國，煽動周邊小國，歸附匈奴，反對漢朝。班超決定首先平定莎車。漢軍兵臨城下，莎車國王北向龜茲求援，龜茲王親率五萬人馬，援救莎車。班超雖然聯合于闐等國，但兵力只有兩萬五千人。他便定下聲東擊西之計。

班超先派人在軍中散布對自己的不滿言論，製造打不贏龜茲、想撤退的謠言。並且特別讓莎車俘虜聽得一清二楚。某日黃昏，班超命于闐大軍假裝向東撤退，自己則向西撤退，還故意放俘虜趁機脫逃。俘虜帶回假消息，龜茲王大喜，下令追殺班超。其實班超是趁夜幕籠罩大漠，僅撤退十里地，就地隱蔽。

龜茲王率領追兵從班超隱蔽處飛馳而過，毫無察覺，班超見狀立即集合部隊，與事先約定的東路于闐人馬，迅速回師殺向莎車。班超的部隊如從天而降，莎車猝不及防，迅速瓦解。莎車王驚魂未定，逃走不及，只得請降。另一方面，龜茲王追擊一夜，未見班超部隊蹤影，又聽得莎車已被平定，只能收拾殘部，悻悻然返回龜茲。

警界與匪鬥智之「聲東擊西」篇

小劉是地方上警方長期列管的毒品人口，在歷次毒品人口清查中，雖然不是每次都能查扣到毒品證物，但是藉由定期驗尿結果——不時呈現陽性反應，也成為警方毒品績效方面的「老主顧」。小劉每次來警察局驗尿，對警察也算是客客氣氣，閒聊當中，警方也知道他人生有些失意，交了壞朋友，所以陷入毒海，雖然多次進出勒戒機構，但是出來之後又跟以前的毒友聯絡，又再吸毒，一直無法斷根。

小劉多次進出警察局，承辦員警發現，他的尿液檢驗結果愈來愈複雜，除了常見的甲基安非他命成分外，漸漸的也開始出現六乙醯嗎啡——海洛因代謝物成分，這代表小劉所使用的毒品成分愈來愈複雜，癮頭也愈來愈大。

一方面，警察要小劉交待毒品來源，他都總是支吾其詞，含糊帶過，難以再往上追查。警方想要藉由斷絕毒品來源的方式協助小劉遠離毒品，似乎變成不可能的任務。另一方面，小劉因漸有使用一級毒品的傾向，加上工作又不穩定，家中經濟並不寬裕，理論上不可能有龐大資金支持其如此長期的吸毒習慣，可以合理的懷疑小劉開始充當毒品零售商，先批購小量毒品，拿取自己想要使用的數量後，再將剩餘的毒品混合鹽巴、糖霜等物品後，販售給其他毒品人口。

某日，小劉再次因為吸食毒品遭警方查獲，並同步搜出數十包用夾鏈帶分裝好的毒品。警方以快速鑑驗試劑測試，發現其中混有一到三級的多種毒品反應。⑨詢問小劉毒品來源，他又開始含糊其辭，不願正面回答；對於為何將毒品分裝成數小袋，小劉也僅表示為了自己吸食方便，避免一次吸食過量。雖然警察知道小劉說謊，但是面對這樣的說詞，沒有足夠證據，警方還是沒有辦法進一步查緝。

由於毒品危害防制條例對於各級與毒品有關的犯罪行為分別有不同的處罰規定，製造、販賣、運輸刑責最重，轉讓次之，吸食最少。依照小劉的情況，以吸食毒品移送最輕鬆省事，警方也馬上就可以結案，但如此處置，並無法給小劉一個深刻的教訓。再繼續縱容小劉下去，會有更多人受害。因此警察決定來演一場偵辦販毒的「聲東擊西」戲碼，希望可以讓他主動承認轉讓的事實。

於是偵查隊長當著小劉的面，假意要辦他販賣毒品的罪（其實是要逼他承認轉讓毒品的毒），便開始指派任務給各隊員：

請科技偵察組過來幫忙，看一下小劉被查扣手機內的資料，跟那些毒品人口有聯絡的，通知他們過來問話，看看毒品是誰賣給他們的；順便把上次通訊監察的譯文附上去，除通話內容外，通訊軟體的內容也都附上去。只要有聯絡的人當中隨便一個人說手上的毒品是小劉賣的，就用販賣的罪責去辦他，我就不相信那些藥仔組這麼有道義，不把你供出來。

把有一級毒品反應的測試照片附到移送書內，跟檢察官說明當事人在販賣一級毒品，建議聲請羈押。再讓他多喝一點水，沖淡尿裡面的毒品反應，到時候驗出不來，我看他怎麼跟檢察官說這些毒品是自己吸食的。移送書裡頭再特別註明，嫌犯不說明毒品來源，偵查中不願自白犯罪，可能為了保護同夥，為了避免串證，影響偵辦，我看除了羈押外，也建議檢察官一併禁見，這一次不要再放過他了。

等一下讓小劉簽同意書，我們到他家去找一下看沒有帳冊之類的東西，行動也不用太祕密，就直接從大門進去，放出風聲，讓他的毒友們也看看小劉是怎麼被嚴辦的。假如他家人不同意，就再去申請搜索票，一次把他所有落腳的地點，全部都去再仔細找一次；沒找到販賣的證據，你們就全部停止輪休！

隊長這些話一講出口，小劉認為這次警方不會再重重拿起、輕輕放下，若再不給警方一些交代，下場只會更慘，於是乎他主動跟警方承認說：

我承認這些毒品不是我要全部拿來吸的啦！有一些是順便幫朋友買的，因為大家一起合購比較便宜。我買來再分裝分給大家吸食，純粹是服務性質的，我真的只有轉讓，沒有販賣，請你相信我……

警方假意要辦他販賣毒品，實際是要他承認轉讓毒品，這招「聲東擊西」最後小劉主動自白有轉讓毒品的事實，警方也達成嚇阻犯罪的目的。

偵查小知識

⑨我國根據毒品的成癮性、濫用性及對社會危害性等因素綜合評估後，將毒品分為四級，相關之毒品分級及品項，每三個月由法務部會同衛生福利部等單位組成審議委員會，定期檢討、調整與增減。第一級毒品是對人體危害最嚴重的毒品，常見者如海洛因、嗎啡、鴉片、古柯鹼等。第二級毒品常見者有大麻、安非他命、搖頭丸、神仙水等。第三級如K他命、FM2、一粒眠、類大麻K2等。第四級如蝴蝶片、凡寧等。

第二卷　敵戰計

第七計　無中生有

計謀釋義

《三十六計．敵戰計．無中生有》原文為：「誑也，非誑也，實其所誑也；少陰，太陰，太陽。」意指無中生有，是運用假象，但並不是從頭弄假到底；而是使假象變真象，大小假象相互配合以掩護真象。

「無中生有」計名出自《老子‧第四十章》，它的中心思想是：虛擬杜撰，讓敵人摸不清我方虛實。此計的關鍵在於真假要有變化，虛實必須結合。如果一假到底，容易被敵人發覺，一旦敵人察覺，不止難以制敵，還可能會玩火自焚。運用此計，必須先假後真，先虛後實。施計過程，指揮者必須抓住敵人已被假象迷惑的有利時機，迅速地以「真」、以「實」、以「有」來攻擊敵方，讓敵人還搞不清楚真假，即被擊潰。細究之，此計可分解為三個步驟：第一步，示敵以假，讓敵人誤以為真；第二步，讓敵方識破我方之假，掉以輕心；第三步，我方變假為真，讓敵方仍誤以為假。敵方的思考若被

「無中生有」一計給擾亂，主動權就被我方掌握，我方必勝。

古代戰例

唐玄宗天寶十四年，安祿山起兵叛變。安祿山的部下令狐潮包圍了雍丘城，唐守將張巡忠不肯投敵，率領兩至三千人的軍隊鎮守孤城雍丘。安祿山派降將令狐潮率四萬人馬圍攻雍丘城。敵眾我寡，張巡雖取得幾次突擊出城襲擊的小勝，但無奈城中箭矢愈來愈少，趕造不及，很難抵擋敵軍攻城。張巡想起三國時諸葛亮草船借箭的故事，心生一計。急命軍中搜集秸草，紮成千餘個草人，將草人披上黑衣，夜晚用繩子慢慢往城下吊。夜幕之中，令狐潮以為張巡又要乘夜出兵偷襲，急命部隊萬箭齊發，急如驟雨，狂降於草人之上。張巡輕而易舉的便獲敵箭數十萬。

令狐潮天明後知道中計，氣急敗壞。第二天夜晚，張巡又從城上往下吊草人。賊眾見狀，哈哈大笑。張巡見敵人已被麻痺，再迅速吊下五百名勇士，敵兵仍不在意。五百勇士在夜幕掩護下潛入敵營，打得令狐潮措手不及，營中大亂。張巡乘此機會，率部衝出城來，殺得令狐潮大敗而逃，損兵折將，只得退守陳留。

警界與匪鬥智之「無中生有」篇

寧靜純樸的鄉間，發生一件驚天動地的命案，王姓老農被人發現遭人殺死於自家門前的曬穀場上，致命傷為頸部之刀傷，深可見骨，一刀切斷氣管與頸動脈，幾乎將頭部切下。一向「日出而作，日落而息」的農村內發生此種重大命案，一時人心惶惶，各種傳言甚囂塵上。

經方初步調查，命案現場位在山區農舍，方圓五百公尺內未有其他住戶，死者生活單純，未與人結怨，與行動不便之配偶及外籍看護居住，平常以種植檳榔、枇杷、香蕉等各種旱地作物維生，樂天知命，無不良嗜好，也非富裕人士，實無遭人仇視或覬覦財物而殺害之理由。

勘查陳屍現場後發現，血跡分布範圍不大，未有大面積的噴濺血跡，且死者尚著田間工作服裝與雨鞋，旁邊尚有農藥噴灑設備等物品，顯示死者遇害前可能正蹲在地上收拾農具，且兇手可能與熟識，故死者未有任何抵抗動作，致使兇手能輕易靠近死者加以殺害。老農雖然年近八旬，但每日上山勞動，農產品均親自肩挑至產業道路上聚集後販售，身體相當健康硬朗靈活，亦有土狗數隻陪伴，若非毫無戒心，否則不可能毫無抵抗情況下瞬間遭到殺害。

經多日明查暗訪，發現死者女兒有一交往男友，該男子無正當行業，平日流連於各賭場與舞場間，經濟狀況不穩定，憑著三寸不爛之舌騙取歡場女子財物，且雖依賴其女兒生活，但似乎周旋於眾多熟女之間，游刃有餘。獲知此寶貴訊息，警方大膽假設該男子因與其女兒交往，老農得知後，認為該男子為人不老實，難以託付終身，且擔心該男子除欺騙女兒感情外，也可能騙取女兒辛苦工作存取的金錢，故百般阻撓，致使該男子惱羞成怒，最後憤而殺害老農。

動機、現場、嫌犯特徵均符合相關研判，且初步調閱通聯記錄，⑩該男子行動電話基地台於當日的確曾出現於老農住家附近，警方馬上申請搜索票，獲得法院支持後，立即赴該男子可能停留的住所、居所等地勘查搜索，包括交通工具、男子身上可疑傷痕等均仔細檢視比對，但最後均逐一排除涉案可能性；且言談之中，該男子表現坦蕩，甚至大談其風流史，不諱言即是靠周旋於眾女人間生活，但是絕對不可能犯下殺人重罪。

案件瞬間又回到原點，專案小組重起爐灶，另一可能之兇手即為老農女兒，不排除因對女兒管教太多，干涉女兒交友，長期下來致使不滿情緒一夕爆發，預謀殺害父親。

通常調查被害者家屬時，警方會特別謹慎，除非有八成把握，否則不會輕易朝被害者家屬下手，一來除了考量家屬情緒外，另也擔心若無法突破家屬，將招致更多反彈，甚至面臨灰頭土臉的下場；但此案多方研判，的確無法排除女兒涉案可能，且經調閱其女兒就醫紀錄，發現曾有多次情緒不穩之就醫紀錄。

故警方先派出具有豐富偵訊經驗之小隊長，蒐集現場勘查研判所得資料，主動出擊，稱尚有許多疑問必須請教，請其女兒至偵查隊協助，談話開始，小隊長突然說，他心裡面一直有件事情，不知該不該講，內容感性又具張力：

> 不知道你有沒有注意到我的精神非常不好，因為自案件發生以來，我實在無法睡覺，每閉上眼睛，就夢見你爸爸來找我，跟我講案件發生過程。你爸爸說，當時他忙完農務，正在收拾農具時，有一個女子戴著手套，走到你爸爸後面去，此時你爸爸還回頭望一眼，以為那女子是要幫忙收拾農具，不疑有他，繼續未完成的工作，但不知為那人突然手伸進口袋，取出預藏的大型美工刀，往你爸爸脖子割下去，此時你爸爸看兇手一眼，但隨即閉上眼睛，案發生，兇手隨即將做案物品丟棄在附近，逃離現場。當我要再進一步追認你爸爸兇手是何人時，你爸爸一直說已經原諒

你了，不再追究，又說你生病了，所以當作是欠你了。你可不可以幫我解釋一下這是怎麼一回事，因為你不說清楚，我實在沒辦法睡覺，換我要瘋了。

聽完小隊長話語後，女兒突然想洩氣的皮球一樣，渾身顫抖，痛哭失聲，隨即承認所有案情，並帶警方至丟棄兇刀及手套之處所，取出關鍵證物，全案隨即宣告偵破。

事後與偵查隊長閒聊時，隊長說，實在沒有人可以懷疑，但是又找不到可以著手發揮的地方，故配合解剖與現場勘查結果，精準研判案發過程，來個「無中生有」，假借死者託夢的方式，測試當事人反應，因為氣氛營造得宜，嫌犯輕易卸下心防，全案順利宣告偵破。

偵查小知識

⑩根據民國一〇二年一月廿九日修正公布的《通訊保障及監察法》第三之一條規定，統一將通聯記錄改稱為「通信紀錄」，第三之一條規定，本法所稱通信紀錄者，謂電信使用人使用電信服務後，電信系統所產生之發送方、接收方之電信號碼、通信時間、使用長度、位址、服務型態、信箱或位置資訊等紀錄。本法所稱之通訊使用者資料，謂電信使用者姓名或名稱、身分證明文件字號、地址、電信號碼及申請各項電信服務所填列之資料。唯實務上，目前仍常以「通聯記錄」稱呼通信紀錄，以「基資」稱呼通訊使用者資料。相關資料的調閱中，通信紀錄需取得法院（治安監聽）或情報機關首長（國安監聽）的許可書後，方可實施。而基資則由執法機構行文向業者直接查詢。

第八計　暗渡陳倉

計謀釋義

《三十六計・敵戰計・暗渡陳倉》原文為：「示之以動，利其靜而有主，『益動而巽』。」意指故意暴露行動，利用敵方固守的時機，主動從其他地方偷襲，這符合《易經・益卦》：「愈動愈有益處」的精神。

「暗渡陳倉」計名出自韓信於楚漢相爭時所用的一個計謀，它指用假的行動掩護真的行動。此計是利用敵人被我方「示之以動」的迷惑手段所蒙蔽，而我方即趁虛從敵人沒有防備的地方攻入，以達軍事上的出奇制勝。對於熟悉兵法的人來說，戰場上千變萬化，使用各種計謀，必須審時度勢；如果按書操兵地搬用某種計謀，容易被敵人識破，是難以成功的。「暗渡陳倉」與「聲東擊西」有相似之處，它們都是利用假象迷惑敵人，隱蔽我們進攻的意圖。只不過「聲東擊西」，隱蔽的是攻擊點；「暗渡陳倉」，隱蔽的是攻擊路線。

古代戰例

曹操派鄧艾率領魏軍抵達陰平。鄧艾挑選精兵，想與諸葛緒聯合，經江油避開劍閣，直取成都。但諸葛緒以自己只受命攻擊姜維，不可自作主張為由，拒絕鄧艾聯軍之議，便率軍東去，與鍾會軍會合。鍾會率軍開向劍閣，劍閣地形險峻，道小谷深，易守難攻，姜維利用這種有利於防守的地形，在此列營守險。魏軍糧食不繼，軍心開始動搖，眾人都擔心前功盡棄。

此時，鄧艾認為該「攻其無備，出其不意」。向鍾會建議從陰平抄小道到達涪城，這樣姜維若從劍閣來援，營中空虛則可直取劍閣；若漢軍不來救，也可切斷姜維後路，直接威脅成都。這條計策鍾會深表同意，並請鄧艾來執行。鄧艾以三萬多的人馬從陰平出發。由於沿途高山險阻，人跡罕至，所以蜀軍並未在此設防。鄧艾率軍自陰平小道，走了七百多公里的杳無人煙之地，終於到達江油，蜀軍一無所知。江油守將馬邈見魏軍突然出現，大驚之下不戰而降。鄧艾率魏軍乘勝進攻涪城，為魏軍消滅蜀漢打下致勝的關鍵基礎。

警界與匪鬥智之「暗渡陳倉」篇

住戶單純，每層約二戶的七樓華廈，本為都市生活的優質住宅環境，惟近來住戶們陸續發現，該處四樓擁有兩戶連棟的屋主，將房屋出租後，進出份子變得複雜，常有來路不明的人士進出該處，且多為三十至四十幾歲左右的中年人；而該處亦常訂購飲食外送，每次大約有二十人份左右。雖然進出該戶的人士既多且可疑，但是這些人既不會騷擾附近鄰居，亦不會大聲喧嘩，只有進出在電梯時，因為人數太多，造成同樣要搭乘電梯的住戶困擾。

因此處華廈住戶較少，為了節省管理費，並無專門請保全看守，而是由住戶自律管理，因此進出訪客，並無登記身分，警方亦無法透過管理員或保全，了解進出人士身分。警方獲報此處民居可疑，雖然到該處勘查後覺得其中必有蹊蹺，但又不清楚裡面究竟在進行什麼不法情事。貿然上門，恐怕會打草驚蛇，錯失破大案的良機。於是警方只好採取土法煉鋼的方法，花了一個星期的時間，查抄方圓一百公尺內停放的汽機車車牌。回去交叉分析後，發現停車於該處的汽機車車主本人或其親友，有不少人有毒品與賭博前科，因此初步判斷該處應該是一處職業賭場。

申請搜索票之後，警方觀察該疑處所位居四樓，左右兩戶打通，前後都有窗戶及陽台，加上牆外管線外露，可供逃逸的路線太多。而且旁邊臨近建築的違章加蓋十分嚴重，部分屋頂加蓋至二樓及三樓處，高度剛好銜接到該處賭場。警方研判，若直接從一樓攻堅，裡面賭客四處竄逃，就怕有部分賭客身上揹有重大前科，或是攜帶過量毒品，擔心被查獲，可能搏命演出，或是直接從四樓跳下，或是跳躍至隔壁屋頂，或是沿著水管攀爬到處逃逸，發生傷亡。例如：他轄日前才發生查緝賭博，未能馬上控制賭客，導致賭客竄逃後，有人當場摔死的憾事。所以此等可能不得不防。

由於該華廈一樓裝有攝影機，若有任何動靜，各樓住戶都可以透過對講機輕易了解一樓情況。為了能完成最少傷亡的攻堅，眾人苦思策略：有人主張從一樓強攻；有人主張假冒外送餐點人士，進入賭場後立刻控制現場；有人認為可以等把風小弟出門抽菸時，控制小弟後要他開門。但經審慎評估後，這些方法都要經過一樓攝影鏡頭，也都難以確保行動不會曝光。

當時與本轄分局交情頗佳的某位民間警友，平常即從事吊車業務，旗下有十數輛大小吊車可供調度。警方靈機一動，一邊向霹靂小組申請支援，一邊向該警友商借大型吊車，先開至目標處所附近，再請警友向清洗外牆的公司借得工作車輛一部，假裝是要清洗搜索地點旁邊大樓之外牆。

抵達目標區後，四樓處所的把風小弟果然開窗觀察，看到洗牆人員洗的是隔壁大樓，就鬆懈了戒備。然而此時霹靂小組[11]成員早已先換成工作服，由吊車支援，先行吊掛至目標處所頂樓，於頂樓換裝完畢後，再利用繩索垂降至四樓前後陽台，控制陽台出入口的同時並攻入賭場。屋內成員見有警員從四面陽台攻入，並控制大門入口，大為驚訝。賭場大門被幹員控制，在外圍等待的警力瞬間進入支援。大隊人馬一抵達，屋內莊家閒家們見大勢已去，只好乖乖配合警方搜索，警方使用「暗渡陳倉」一計，順利的瓦解這處高戒備的職業賭場。

偵查小知識

⑪霹靂小組又稱特殊任務警力編組，根據《特殊任務警力編裝訓用規定》，其任務包括，打擊有組織、有武器之暴力犯罪；重要（重大）犯罪偵查（監）攔截、圍捕、查緝；其他特殊任務之執行暨遂行一般勤務。相關編用單位包括署屬機關（如刑事警察局）與直轄市、各縣、市警察局等單位。因其訓練與考核嚴格，故為各單位最精銳單位，平時人員由保安（大）隊、警備隊或刑警大隊（臺北市）管制，擔服巡邏、臨檢、備勤、訓練及臨時性勤務之執行，並負責支援重大刑案攻堅任務及協助支援偵辦刑案。

第九計　隔岸觀火

計謀釋義

《三十六計・敵戰計・隔岸觀火》原文為：「陽乖序亂，陰以待逆，暴戾恣睢，其勢自斃。『順以動豫，豫順以動』。」意指敵人內部分裂，秩序混亂，我便等待他發生大動亂，那時敵人彼此之間窮兇惡極，翻目仇殺，勢必自取滅亡。我根據敵人的變動作好準備；作好準備之後，還要根據敵人的變動而行動。這符合《易經・豫卦》：「順以動豫，豫順以動」順時而動的精神。

「隔岸觀火」指要使敵人自己內鬥、內耗，時機成熟後我方再動手。此計正是運用「豫卦」順時以動的哲理——坐觀敵人的內部發生惡變，可是我方並不急於採取攻逼手段，而是順其變，「冷眼觀虎鬥」，「站高山看馬互踢」，讓敵人自相殘殺；等時機一到，我方即可坐收其利，一舉成功。當然「隔岸觀火」不等於站在旁邊看熱鬧，敵人自亂，我們也要趁空檔布好陣勢，一旦時機成熟，更要主動出擊。運用此計要注意的是，當敵人內亂時，我方不能操之過急，如果太早行動，反而促成他們暫時放下爭執，回過頭來聯手對付你。

古代戰例

戰國後期，秦將武安君白起在長平一戰，全殲趙軍四十萬，趙國國內一片恐慌。白起趁勝直逼趙國國都邯鄲，趙國指日可破。趙國情勢危急，平原君的門客蘇代向趙王獻計，願意冒險赴秦，以救亡國。趙王同意蘇代，並讓他帶著厚禮到咸陽拜見應侯范睢。

蘇代一見到范睢，便對范睢說：「武安君這次長平一戰，威風凜凜，現在又直逼邯鄲，他可是秦國統一天下的頭號功臣。我好為您擔心呀！您現在的地位在他之上，恐怕將來您不得不位居其下了。這個人不好相處啊！」應侯聽了沉默不語。過了好一會兒，才問蘇代有何對策。蘇代說：「趙國已很衰弱，何不勸秦王暫時同意議和。這樣可以剝奪武安君的兵權，您的地位就穩如泰山了。」

范睢聽了立即面奏秦王，說服秦王止兵。白起本可輕易滅掉趙國，卻突然被召回，心中不快。兩年後，秦王又發兵攻趙，白起稱病。這時趙國已起用老將廉頗，設防甚嚴，秦軍久攻不下。秦王大怒，強迫白起掛帥出征，但白起婉拒。秦王一而再再而三勉強不成，便削去白起官職，趕出咸陽。最後更派人賜劍白起，令其自刎。趙國隔岸觀火，挑起白起和范睢的內部矛盾後冷眼旁觀，最後成功的減輕秦國對自己的威脅。

警界與匪鬥智之「隔岸觀火」篇

文山地區與新店交界處有許多山區，假日為民眾休閒的好去處。但許多地方產業道路偏僻，久了就成為人煙罕至之處。某日一登山民眾因為迷路，誤入幾近荒廢產業道路尾端，發現荒煙蔓草間，竟有一輛嚴重燒毀的車輛棄置該處。仔細一看，後座尚有一具屍骨，驚嚇之餘，手機又無訊號，只好連滾帶爬趕緊下山報案。

警方封鎖現場後調查發現，後座屍體手部遭鐵絲綑綁在背後，胸部及喉部也因焚燒嚴重，難以辨識為生前遭焚或是死後毀屍。但幾乎可以確認的是，因為雙手遭鐵絲綑綁在後，且綑綁打結位置並非人類正常動作容易完成之處所，因此全案朝向殺人焚屍案方向偵辦。另外，因焚屍地點地處偏僻，就連本地人也甚少經過，研判嫌犯應該有強烈地緣關係，否則不可能找到如此隱蔽處所處理屍體。

經由對車牌號碼、引擎號碼雙重比對，很快查出車輛所有人，通知家屬到場指認，死者的死亡時間（二周）與家屬通報車輛所有人失蹤時間相吻合，幾乎可以確認死者應該就是車主本人。經協請刑事警察局專案比對DNA，很快的就確認死者身分。經查死者平常從事放款工作，也就是以較高利息，貸款給需要的民眾，當然，當民眾還不出錢來時，可也會以較為激烈的手段追索金錢。從死者的工作推測金錢糾紛應該就是被害的原因。動機確認後，接下來就是過濾死者生前最後通聯的對象，以及曾經發生糾紛的人士。很快的就鎖定一組橫行當地，外號「王哥」、「柳哥」，高矮胖瘦明顯差異甚多的一組犯罪前科犯。

王哥、柳哥並非幫派份子，就是整日無所事事，到處廝混，想盡各種非法或不勞而獲的撈錢方法，比如向工地敲詐金錢，收取所謂土方處理費；或是威脅商家要檢舉他們的違建；有時候也弄些毒品來賣，或是假裝替人出面喬事情，其實是要詐騙金錢。警方研判，王哥、柳哥與這件殺人焚屍案應該脫不了關係，可能是知道死者從事放款工作，身上有不少現金，所以約了死者外出，希望能恐嚇取財，逼死者交出錢財過程中，失手殺了對方，乾脆一不做二不休，毀屍滅跡。

全案偵查報告完成後，即向檢方申請拘票，同步拘提王哥、柳哥到案。⑫由於警方事先資料收集完備，且幸運的是，案發前山下某集貨倉庫為了防範竊賊上門，剛好裝好取像範圍完整的攝影機，且硬碟容量大，影像至少保存一個月以上，其中有影片清楚錄到死者車輛經過該地時，車內有王哥柳哥與死者之身影。嫌犯見警方提示的證據無法抵賴，因此承認殺害死者。由於拘提到案後，檢警共用二十四小時，警方只剩十六小時偵辦時間，時間急迫下，初步訊問後，即將嫌犯送交地檢署，並經檢察官聲請羈押禁見獲准。

羈押兩個星期後，檢察官為釐清個人責任分擔與犯罪分工腳色，因此簽發指揮書，指示警方赴看守所借提兩位嫌犯外出至現場模擬犯罪過程，以了解當時犯罪現場之作為。兩位嫌犯到場後，警方先將其分開，避免串供；另外為了調查方便，先請王哥表演。嫌犯看到警方大陣仗安排表演及錄影，知道這些資料未來應該會牽涉到審判刑度的問題，因此極盡可能的推卸責任，將主要犯罪過程，如逼問死者現金放置地點、勒斃死者、綑綁屍體、潑汽油點火等作為，均推說是柳哥所為，其只是屬於被逼迫配合的角色。

當柳哥聽到警方故意轉述的王哥上述言詞內容後，頓時火氣上升，想要衝上前毆打王哥。在場員警更加知道，兩位嫌犯應該早就互有心結。且大難臨頭，一定會先保護自己，所以喝令柳哥先在旁觀看，等王哥表演完，再讓柳哥表演。想當然耳，柳哥表演時，亦稱所有犯行幾乎都是王哥所為，其只是在旁觀看，並勸王哥不要殺害死者，否則會有大麻煩，企圖表現其良心未泯之一面。

雙方現場演示後，警方知道王哥、柳哥對彼此不滿一定會完全爆發，警方當然也知道他們平常即從事許多非法行為，因此決定來個「隔岸觀火」，想辦法讓兩位嫌犯內鬥互咬。因此現場模擬完後，警方將兩位人犯分別押上不同偵防車，往山下分局駛去，警方分頭在二車內開始意有所指地互稱對方互推責任，絲毫無江湖道義：「假如是我，一定會想辦法指證對方是極為可惡之人，維護自己的權益，讓法官相信自己都是被逼的。」這番話果然有效動搖了兩位嫌犯。他們開始思考，要如何早先一步證明先前各種犯罪行為都是被對方所逼，還得想辦法說服檢察官優先指證對方，以便能讓自己從輕發落。

結果還沒到分局，王哥、柳哥即急著拜託警方讓自己做檢舉筆錄，好供出對方的不是，包括何時搶劫檳榔攤，對方如何獨吞大量金錢；何時至KTV白吃白喝；何時詐騙租車行；何時恐嚇商家、建設公司等。總計二人供出了十餘宗案件。過程中警方當然還不時火上加油，讓他們把細節說得更加清楚。

回到分局，警方做完相關筆錄後，依所述的案件，逐一查訪被害者，請被害者說明當時情況，釐清兩位嫌犯扮演的角色。調查完畢後，根據被害者證詞，確認王哥、柳哥在各案中的犯行輕重，一併移送檢察官偵辦。原本只是一件殺人案，警方適時利用犯罪組合互不信任的心理，「隔岸觀火」，更「搧風點火」，另外多破了十餘件轄區內的其他案件！

偵查小知識

⑫警察人員為執行犯罪偵查工作，可依下列規定執行拘提：（一）法官或檢察官主動交付拘票執行者；（二）依照《刑事訴訟法》第七十一條之一第一項規定，經合法通知無正當理由不到場，聲請檢察官核發拘票執行者；（三）依照《刑事訴訟法》第七十六條規定，犯罪嫌疑重大得不經通知，報請檢察官簽發拘票執行者，其符合要件如下：1.無一定之住所或居所者；2.逃亡或有事實足認為有逃亡之虞者；3.有事實足認為有湮滅、偽造、變造證據或勾串共犯或證人之虞者；4.所犯為死刑、無期徒刑或最輕本刑為五年以上有期徒刑之罪者；（四）依照刑事訴訟法第八十八條之一第一項各款，因急迫情況不及報告檢察官而逕行拘提者，但於執行後應即報請檢察官簽發拘票。第一項各款規定為：1.因現行犯之供述，且有事實足認為正犯或共犯嫌疑重大者；2.在執行或在押中之脫逃者；3.有事實足認為犯罪嫌疑重大，經被盤查而逃逸者，但所犯顯係最重本刑為一年以下有期徒刑、拘役或專科罰金之罪者，不在此限；4.所犯為死刑、無期徒刑或最輕本刑為五年以上有期徒刑之罪，嫌疑重大，有事實足認為有逃亡之虞者。

第十計　笑裡藏刀

計謀釋義

《三十六計．敵戰計．笑裡藏刀》原文為：「信而安之，陰以圖之，備而後動，勿使有變；剛中柔外也。」意指使敵人相信我方，並使其麻痺鬆懈，我則暗中策劃，充分準備，一有機會，立即動手，讓他來不及應變，這符合《易經．兌卦》：「暗中強勢，但表面卻裝出很柔和的樣子」的精神。

「笑裡藏刀」計名出自唐代詩人白居易〈無可度〉詩，它的中心思想是：使敵人對自己鬆懈沒防備。古代兵法早就提醒為戰者，切不可輕信對方的甜言蜜語和亂開出來的空頭支票，如果對方溫柔地示弱，反倒要防範他們暗中隱藏的殺機。此計除在軍事上，更多時候運用在政治與外交的偽裝上。「笑裡藏刀」，就是「口蜜腹劍」，「兩面三刃」。這是用表面友善卸下敵人心防，卻在友善的表皮下暗藏殺機的謀略。

古代戰例

三國時期，魯肅病死。孫、劉聯合抗曹的蜜月期已經結束。當時關羽鎮守荊州，孫權久存奪取荊州之心，只是時機尚未成熟。不久，關羽發兵進攻曹操控制的樊城。關羽怕後方遭到偷襲，留下重兵駐守公安、南郡，用以保衛荊州。孫權手下大將呂蒙認為奪取荊州的時機已到，但自己有病在身，於建議孫權派當時毫無名氣的年輕將領陸遜接替他的位置，去駐守陸口。

陸遜先給關羽寫了封信，信中極力誇耀關羽，稱關羽功高威重，可與晉文公、韓信齊名，並自稱一介書生，年紀太輕，難當大任，要關羽多加指教、多多照顧。關羽為人本就驕傲自負，目中無人。讀罷陸遜的信後說道：「無慮江東矣。」馬上就從防守荊州的守軍中調出大部人馬，一心一意攻打樊城。陸遜又暗地派人向曹操通風報信，約定雙方一起行動，夾擊關羽。

至此，孫權認定奪取荊州的時機已經成熟，派出呂蒙當先鋒，向荊州進發。呂蒙將精銳部隊埋伏在改裝成商船的戰艦內，日夜兼程，突然襲擊，攻下南郡。關羽得知丟掉南郡，急忙回師，但為時已晚，孫權大軍已占領荊州；關羽只得敗走麥城。

警界與匪鬥智之「笑裡藏刀」篇

某日馬偕醫院急診室送來一名女嬰，據協助送醫的保母所稱，她早上一覺醒來後即發現女嬰呼吸急促，對其施行CPR無效，馬上請男友開車將女嬰送來急診室。但經醫師診治發現，女嬰屍體出現屍斑，死亡已久，且身上有新舊不一的外傷，更有燙傷的痕跡，認為這應該是一件虐童致死的事件。於是請醫院保全留置當事人，並通報警方到場處理。

沒想到警方到場前，陪同保母送女嬰急診的同居男友已先行趁亂逃逸。醫院保全因無執法的公權力，只能眼睜睜的看著他離開。警方隨後將保母帶回，並通報檢察官相驗。相驗結果，女嬰致死原因為敗血症，應該是身體遭到燙傷後，沒有即時醫治，導致感染而死。聞罷死亡原因後，警方人員極為氣憤。

初步訊問保母後，她承認幫別人照顧女嬰，因女嬰經常哭鬧，所以有時會用棍棒毆打她。日前女嬰又持續哭鬧，所以用熱水澆到她身上，想給她一個教訓。保母從頭到尾都堅稱是他一人所為，跟其同居男友一點關係也沒有。頗讓何疑。警方隨後也找到其男友，其男友亦一問三不知，裝得一切好像與他無關的樣子。因無其他事證，警方只能讓其先行離開；但之後要找請該男友協助調查時，他已經失去音訊。

稍後警方勘驗現場與屍體，發現女嬰腳部疑似有壓制痕，且身上燙傷部位集中，應是遭一人控制後，再由另一人澆灌熱水所致。以保母一人之力，恐怕難以造成這樣的傷勢。雖然警方強烈懷疑其男友共同涉案，但又沒有其他強有力證據，案情出現膠著。全案移送後，警方繼續清查保母與其男友關係。赫然發現，保母與其男友各有家庭，在未辦理離婚的狀況下，即各自離開原有婚姻，一起到北部同居。男友四處打零工，保母則到處招攬、幫人帶小孩。目前二人同居已經五年，並育有一三歲小孩；但因雙方各有婚姻關係，無法順利登記戶口，所以雙方所生小孩目前仍還沒報戶口。為了突破案情，警方決定使用「笑裡藏刀」一計——對保姆施展恩情攻勢，希望能藉由解決小孩戶口和扶養問題，對她釋出善意，使真正的案情能水落石出。

知悉保母與其男友的狀況後，警方大膽研判，保母應該是深信男友會照顧共同的愛的結晶，才不願意將其供出。為了取得保母的信任，突破他心防，警方先詢問社會局有關小孩報戶口、寄養家庭等細節，又收集許多同仁向家扶中心捐款的收據。一切準備就緒，即借提保母重回現場模擬，並在送返分局做筆錄的路上，開始用閒聊的方式釋出善意：

你的背景我們查過了，我們知道你跟你男友各有婚姻，但到北部討生活後也生了一個小孩，目前還沒報戶口。你本性不壞，只是想要保護你的小孩，所以才把罪全扛在自己身上。我們先幫你問過社會局的領養跟寄養機制；假如你被判刑判太重，小孩子我們可以幫你找條件更好的家庭領養，甚至找有愛心的外國人當他爸媽，讓他到外國去，或許日子可以過得更好。假如你不想跟小孩斷了聯繫，我們也可以找寄養家庭，等你出獄後，小孩仍然回到你身邊。但是前提是要你願意配合，才有可能輕判，才有可能關個幾年就能出獄。

我覺得你不能太相信你男友會幫你顧小孩。男人有很多都會看到新人後就忘了舊人。就像妳男友也是看到你之後，就不要他太太。你將這個案子的全部責任全擔下來，過一陣子等風頭過後，你男友可能會再交新女友，到時候你們的小孩怎麼辦？後母會給你小孩好臉色嗎？搞不好你小孩的下場跟那女嬰一樣。還有，你咬牙全部承認下來，結果被重判，關個二十年再放出來，你的小孩也已經差不多結婚，有自己的家庭了，還有可能要養你這個殺人前科犯媽媽嗎？搞不好他恨死你了。

如果你不要出養或是寄養小孩，⑬我們也幫你查好資料了，現在監獄可以讓你在小孩就學前，帶著小孩進去一起生活。假如你還想要陪在你小孩身邊，我看最好方法是讓檢察官感受到你的誠意。如果檢察官肯，他可以幫你處理這些小事，並幫妳爭取到比較好刑度。你如果不是主謀，可能只判個十五年，在現行假釋制度下，大約關八年就可以出來。那時候你的小孩正在讀國中，正是最叛逆最需要人照顧的時候，你那時候放出來，就一定可以照顧得到他。

我們DNA鑑定專家也可以協助你做親子鑑定，證明他是你和你男友所生，這就可以讓他可以順利報戶口。還有，你不要看我們這麼兇，我們都很疼小孩的。你看這些都是我們同仁捐款給家扶基金會的收據，我們同仁也捨不得你的小孩將來要受苦，才會幫你想這麼多解決辦法。

聽完這些推心置腹的話後，保母放聲大哭，幾乎崩潰。果然保姆就是相信其男友的甜言蜜語，奢望他能永遠照顧小孩，所以才一肩扛起所有責任。但當保母發現其實警方就可以協助找到這麼多資源照顧他的小孩，而且案發後男友馬上逃之夭夭地人間蒸發，一點都不可信賴。於是保母馬上跟警方供出之前所述都是謊話，全案其實是由男友主導，最後失手不小心虐死女嬰的。

保母將案發過程一五一十跟警方交代，警方再根據其陳詞，逐一核對現場狀況，研判所言屬實，於是馬上向檢察官報告，申請核發拘票後，布下天羅地網，將其男友拘提到案，全案順利宣告偵破。當然，警方後來也依約盡一切可能協助安頓保母及其小孩。

偵查小知識

⑬「寄養」指的是暫時性的將孩子移出原本的家庭，安置在另一個家庭中，等待家庭解決困難後，再將孩子移回原本的家庭，所以會有時間限制，需要向各地的社會局提出申請。而「出養」則是永久性的，它指的是透過法律程序將孩子的親權轉移至收養父母，而親生父母對孩子的權利義務將被終止，所以出養是個非常慎重的決定。

第十一計　李代桃僵

計謀釋義

《三十六計．敵戰計．李代桃僵》原文為：「勢必有損，損陰以益陽。」意指當局勢發展可能導致損失的時候，要捨得局部的損失，以換取全局的優勢。

「李代桃僵」計名出自《樂府詩集．雞鳴篇》：「桃生露井上，李樹生桃旁，蟲來齧桃根，李樹代桃僵，樹木身相代，兄弟還相忘？」本意是指兄弟要像桃李共患難一樣相互幫助，相互友愛。此計運用在軍事上，指在敵我雙方勢均力敵，或者敵優我劣的情況下，用較小的代價，換取較大勝利的謀略。兩軍對峙，敵優我劣或勢均力敵的情況是很多的。「李代桃僵」就是趨利避害，兩害相權取其輕，兩顆蘋果都爛，得挑一顆比較不爛的。指揮的高明之處，是要會算計，用少量的損失換取很大的勝利。對瞬息萬變萬變、錙銖必較的戰鬥而言，這是指揮官的必備功課。

古代戰例

戰國後期，趙國北部經常受到匈奴及東胡、林胡等部騷擾，邊境不得安寧。趙王派大將李牧鎮守北部門戶雁門關。李牧上任後，日日殺牛宰羊，犒賞將士，只許堅壁自守，不許與敵交鋒。匈奴既然摸不清楚李牧的底細，也不敢貿然進犯。利用匈奴觀望的心理。李牧加緊訓練部隊，養精蓄銳，幾年後，兵強馬壯，士氣高昂。

李牧見時機成熟，準備出擊匈奴，他先派少數士兵保護邊寨百姓出去放牧。匈奴人見狀，派出小股騎兵前去劫掠，李牧的士兵與敵騎交手，假裝敗退，匈奴人占到便宜，得勝而歸。此時匈奴單于心裡想著：「李牧從來不敢出城征戰，今天一戰看來，他果然是一個不堪一擊的膽小之徒。」於是親率大軍直逼雁門關。李牧料到驕兵之計已經奏效，於是嚴陣以待，兵分三路，給匈奴單于準備了一個大口袋。匈奴軍因為輕敵而冒進，被李牧的三路軍隊分割了隊伍，逐個遭到圍殲。單于兵敗，落荒而逃，國亡。李牧只了用小小的損失，就換得了空前勝利。

警界與匪鬥智之「李代桃僵」篇

阿偉是資訊科系畢業，加上有點生意頭腦，懂得利用網路科技、網拍賺錢。可是後來思想走偏了，盡想些旁門左道的門路，賣一些違法的產品，雖然短時間內即累積相當財富，是外人眼中的人生勝利組、高帥富一族，但事實上，阿偉已經觸犯了多條法律。像是藉由網路的隱密性，販賣各種非法的藥品、毒品，還利用網路第三地註冊、貨到付現、並使用網路溢波或是公用wifi、第三地出貨等方式規避警方查緝——他所販賣的違法藥品中，銷路最好的要數俗稱乖乖水的ＧＨＢ迷姦藥水。⑭

由於在網路上闖出名氣，警方開始鎖定阿偉。但早期地方警局並無科技偵查組的編制，通常要等到歹徒形成一定氣候時，才會請刑事局偵九隊介入偵辦。阿偉類利用網路販售違法藥品的案件，偵辦的難度在於承辦人員要對網路行為及法規十分了解；這類案件的買方隱身在網路後，因所購買的藥品違法，也不可能叫也們出面做證。除非人贓俱獲，否則要給阿偉定罪，有相當難度。

警方除了持續蒐集阿偉的網路犯罪事證外，也開始調查阿偉的背景。得知阿偉雖然已有女友，但同時也是一位採花賊。他利用往生的母親留給她的公寓開設資訊公司，之後在人力資源網站上面開出高於市場薪水的行情徵聘女職員。面試時，只要是年輕貌美、剛從大學畢業的社會新鮮人就一定保證錄取。阿偉的資訊公司表面上在網路販售減肥茶，所以阿偉吩咐女職員每天的工作就是各個不同的網站以多重分重複登錄註冊，然後再到自己公司網頁上留言稱讚減肥茶之效用，製造銷售量極佳之假象，引誘外人上網購買。這樣的工作讓剛開工的女職員不疑有他。

同時間，阿偉也藉機觀察女職員的個性，如果是較無戒心的，他即以出差名義，要求女職員一大早隨他外出至產茶區購買茶葉，然後在中午請該女職員吃飯時，趁機於飲料中下藥。由於阿偉能掌握劑量，所以女職員食用摻藥的中餐後後，並不會立即昏睡，只是精神狀況極差。阿偉再假意詢問幫忙找地方休息，即將車開進汽車旅館內。為要製造女職員並非受到勉強，而是一起合意進入的假象，他還會在旅館入口監視器鏡頭下，故意詢問女職員想要的房型。進入房間後，他再藉口倒水給女職員，追加劑量，使女職員昏迷，再加以性侵害。

因為阿偉所使用的ＧＨＢ迷姦藥後勁強烈，晚上阿偉送女職員回家後，女職員還會再昏睡一兩天，醒來完全不記得發生過什麼事，因而錯失採集性侵檢體的最佳時機。因為完全記不得發生什麼事，被害人就算覺得可疑，最多也只能選擇離職，故阿偉能一再故技重施。

其實每隔一段時間，不同地區的警方都會接獲不同受害女職員的報案。可是進一步調閱旅館錄影帶，都沒能發現可疑之處，只能將該案函送檢察官處理。而阿偉每次接受偵訊時，均不否認有跟被害女職員進入汽車旅館，但每次都稱因為自己既是老闆，又有錢，所以都是女職員自己投懷送抱。警方和檢察官對他也莫可奈何。

但夜路走多了總是會遇到鬼，由於阿偉一再犯案，各地警方陸續函送到地檢署的案件，[15]其中有三件正巧送到同一檢察官手上。檢察官決定找來熟識的偵查隊長討論該如何處理。偵查隊長看過資料後，發現阿偉同時也是他們隊上弟兄監控中的網路毒品零售商，他們一樣也是苦無證據可以偵辦。檢察官與偵查隊長從證據取得、偵訊難易、目標對象個性、量刑輕重、偵辦難易度等角度分析，認為首先要避免阿偉發現已遭警方鎖定；其次，由於要將阿偉在網路上販毒的行為給定罪，難度太高，所以決定採取「李代桃僵」策略，放棄偵辦阿偉的販毒行為，改而集中人力物力，集中蒐證，讓阿偉性侵害的部分可以被定罪。

由於當時保障婦幼權益的社會活動興起，一連串的迷姦案件造成警方壓力；加上警方透過人力資源網調閱應徵阿偉公司的求職者資料，比起在網路上找出向阿偉購買違法藥品的買家要容易得多，所以讓阿偉因犯下性侵惡行而受到該有的懲罰是最為容易的。果然，在檢察官向被害人保證絕不曝光的前提下，警方找到至少十五名以上的受害者出面指控阿偉犯行。警方做完相關筆錄資料後，即持拘票將阿偉拘提到案，並由檢察官向法院聲請羈押獲准。

但阿偉嘴巴很硬，一直沒有自白，如果上訴，很有可能翻案。於是警方再詳查其背景資料後，發現阿偉父親早逝，他從小是由擔任清潔工的母親撫養長大。他母親含辛茹苦存錢，才買下一棟公寓供阿偉棲身，但也因為操勞過度，三年前就過世。可是阿偉卻以母親留下來的這棟房子作為犯罪基地。警方認為這部分有可供突破阿偉心防的機會在，於是決定偵訊時不向阿偉提問任何有關性侵害的案情，而感性的對其述說他的母親如何的偉大，最終因操勞過度撒手人寰，再從這裡切入，強調女性的偉大；如果隨意侵害其他女性，等於是對自己母親的大不敬。沒想到阿偉聽完，竟然雙膝一跪，主動向警方坦承所有案情，檢察官也打鐵趁熱，馬上製作相關筆錄，讓阿偉畫押，全案順利結案。

在後來不同審級的審判中，阿偉均被判處無期徒刑。警方「李代桃僵」，犧牲對販毒案的偵辦，專攻阿偉的性侵犯行，終於還給被害者們一個公道。

偵查小知識

⑭神仙水也就是GHB，亦稱液態快樂丸，學名為Gamma hydroxybutyrate，是一種無色、無嗅、無味液體、也有白色粉末、藥片、和膠囊等劑型，屬於中樞神經抑劑。GHB其作用長短視劑量而定。在低劑量時，可減輕焦慮產生鬆弛作用，劑量增加時，嚴重可導致昏迷或死亡。目前GHB多與中毒及約會強暴有關，因其藥效快，且短時間不易清醒（服用後十到二十分鐘即發生作用，可持續長達四小時之久），具有類似FM2產生暫時性記憶喪失的效果，常使被害人誤喝飲料受到性侵害後，還無法回憶起加害人，因為容易被濫用甚至用以犯案。

⑮警察機關偵查刑案完畢，須將案件送請偵查主體繼續偵辦，也就是檢察官作後續處理。根據案件性質不同，資料送交地檢署或法院時，分為移送與函送兩種。若有下列情形之一者，應將全案移送管轄法院或檢察署：（一）全案經調查完畢，認有犯罪嫌疑者；（二）全案雖未調查完畢，但經依法提起自訴或向檢察官告訴者；（三）檢察官命令移送者；（四）其他有即時移送必要者。有下列情形之一者，得函送管轄法院或檢察署：（一）告訴乃論案件，經撤回告訴，或尚未調查完竣，而告訴權人已向檢察官告訴者；（二）證據證明力薄弱或行為事實是否構成犯罪顯有疑義者；（三）犯罪證據不明確，但被害人堅持提出告訴者。本案例中，因為尚難確認是否有妨害性自主情況，所以先用函送方式，送請檢察官繼續指揮偵辦。

第十二計　順手牽羊

計謀釋義

《三十六計‧敵戰計‧順手牽羊》原文為：「微隙在所必乘，微利在所必得。少陰，少陽。」意指微小的漏洞必須利用，微小的利益也必須取得。要轉變敵人的小疏忽，成為我方的小勝利。

「順手牽羊」的意思和「錦上添花」差不多，它的中心思想是：已經占得優勢，要再多得一點好處，那也無妨。最好就是累積許多小勝利，形成最後的大勝利。敵人的大部隊在運動的過程中，漏洞肯定很多，比如大部隊急於前進，但各部的運動速度不同，互相支援可能產生困難，彼此協調可能不靈光。如果敵軍的戰線或隊伍拉得越長，可乘之機一定越多。只要看準敵人發生這種空隙，抓住時機一擊，都能得到有利的戰果。就算這樣攻敵，得到的是小利，就算不能完全取勝也行。這種不放棄小利的方法，勝利者、強者可以運用，失敗者、弱者也可以運用。戰爭常見「順手牽羊」運用例子是，某方利用小股遊擊隊，鑽進敵人的心臟，神出鬼沒地打擊敵人，攻敵防守薄弱處，應手得利。當然，小利是否應該必得，必須要考慮全盤戰爭，只要不會因小失大，任何小勝的機會都不要放過。

古代戰例

唐朝中葉，蔡州節度使的兒子吳元濟在父死之後，起兵叛亂。唐憲宗派大將李訴擔任唐州節度使，負責剿滅吳元濟。李訴對外散布假消息說自己是個懦弱無能的人，朝廷派自己前來，只是為了安頓地方秩序。至於攻打吳元濟，並非自己的主要任務。吳元濟觀察了李訴一段時間，發現他毫無動靜，竟也就相信了這個消息。但其實李訴一直在思考如何攻打吳元濟。他先是花了好大的工夫，布置了陷阱，活抓吳元濟手下大將李佑，大大的削弱了吳元濟的實力。但想到吳元濟還有其他大將，只抓了李佑，對打敗吳元濟，效果似乎不大。

為了發揮戰俘的最大作用，李訴十分厚待李佑。李佑想到吳元濟既不來救，李訴又恩遇有加，便主動告訴李訴，吳元濟的主力部隊其實都部署在洄曲一帶，而防守蔡州城的不過是些老弱殘兵。如果派出一支奇兵，應該能直取蔡州，活捉吳元濟。李訴聽完便在一個下雪天傍晚，率領精兵抄小路，迅速地直抵蔡州城邊，趁守城士兵呼呼大睡時，攻城開門。部隊靜悄悄湧進了城；等到吳元濟從睡夢中驚醒，才發現宅第早已被李訴軍隊團團圍困，要突圍已經來不及了。

警界與匪鬥智之「順手牽羊」篇

偏僻的產業道路旁，發現一具上半身身中兩槍死屍。現場勘查，僅發現彈殼，沒有看到行兇槍枝。死者身上除證件外，配帶的金飾與皮包內的現金短少甚多。警方因此朝向強盜殺人案件偵辦。由於死者與縣長有親戚關係，加上家族中有人擔任縣議員，因此警方感受到很大的破案壓力。

但分析相關事證後發現，死者陳屍地點在偏僻的產業道路，而且身中兩槍，槍傷都集中在胸部，不像是強盜失手殺人，反像是要致人於死。加上兩槍傷，一槍為正面射入，一槍為背面射入，似乎是死者正面遭槍擊後，欲逃跑時，又遭他人從後補上一槍所致，這也與一般強盜案件不同——強盜滅口應該二槍都是自背面射入。加上死者財務欠佳，也不是理想的強盜對象，種種不合理的跡象，讓警方連最基本的犯罪動機都無法釐清。

再者調查期間，警方發現死者太太及兒子對與死者的意外身亡並無太大反應，雖然這可能與死者年輕時並未盡力照顧家庭，以致家人至今尚存怨懟有關。但家屬除了一開始透過各種關係要求警方全力偵辦外，死者出殯後，家屬也不再施壓警方，好像本案也隨著死者一起入土為安了。不過承辦的偵查隊長，面對這些怪異現象，並不因為破案壓力減少而心存僥倖，反而更想深入追查。於是決定土法煉鋼，從最基本的以彈追槍、以槍追人著手。

幸運的是，經由鑑定結果，發現犯案的彈殼，係利用玩具子彈改裝，而剪切彈頭時，呈現出加工者呈現左撇子容易施力的工具痕方向。[16]警方再搜尋中部地區近年遭查獲地下兵工廠嫌犯的基本資料，幾乎可以確定子彈一名目前尚在雲林監獄服刑嫌犯的作品。將其借提出來後，警方十分禮遇該名嫌犯，該嫌也很快的就承認作案槍彈應該是出自己手，且均透過臺中某男代為銷售。很快的，警方循線找到該男。更幸運的是，該男深怕遭到黑吃黑，所以每次交易，對購買者身分均詳細記錄。警方取得該交易紀錄，再連夜比對相關通信紀錄與槍彈買家基本資料後，確認涉案槍彈皆由綽號「眼鏡」的男子所提供。最後警方查出，由於死者得到絕症，久病厭世，於是商情朋友幫忙向「眼鏡」調借槍彈自殺，沒想到第一槍自射胸前沒死成，痛苦之餘拜託現場朋友再補一槍才斃命。

至此，警方破了這個原本以為是強盜殺人，但最後是自殺演變成加工自殺的案子。案子雖然破了，但實情卻無法解釋為何死者家屬會如此冷漠，於是警方決定使用「順手牽羊」一計，希望能利用手上已經有的線索，突破更多疑點，擴大破案的成果。

表面上，案子雖然實質上已經破案——死者是自殺不成而請友人加工自殺，但警方仍然按兵不動。利用協助辦案的理由，多次請死者的兒子到警局協助釐清案情。在聊天的過程中，慢慢的套話，知道兒子與父親確實感情不睦，而且因為父親經商失敗所欠下來的一屁股債，家中經濟也十分困難。

同時間，警方清查死者投保資料，得知死者曾經多次赴大陸旅遊，行前均投保大額旅遊保險。警方詢問承保業者，業者回覆當下因死者氣色不佳，每次都懷疑死者投保的動機。但因在商言商，每次都還是讓死者投保。直到看到報紙上死者死於槍擊案的消息後，才想起死者先前投保行為十分可疑。得到這條寶貴的線索，警方馬上透過保險犯罪防制中心查詢死者投保資料，赫然發現死者在被槍殺前曾加保高達兩千萬的意外險。再調閱原始保單，竟然發現部分保單簽名與死者筆跡明顯不同。由於保單的受益人都是家人。先前製作被害者家屬筆錄時，警方手中已經有家屬之簽名筆跡，兩相比對，赫然發現部分保單上簽名竟與死者兒子筆跡相符。種種跡象顯示，死者兒子與該案脫不了干係。

最後警方備妥各項筆錄、保險公司保單、簽名單鑑定結果，請正在偵查隊泡茶聊天的死者兒子說明其中疑點。死者兒子一見警方有備而來，且蒐證齊全，臉色大變，便慚愧的承認自己因為財務欠佳，加上早就知道父親有想自殺的念頭，於是才幫他父親再加保上千萬保險詐保，以解決自己的財務問題。

原本警方只是破了一件加工自殺案，但利用「順手牽羊」一計，多破了一件詐領保險金案，一案兩破，錦上添花。

偵查小知識

⑯工具痕跡的鑑定基礎可分成兩部分，包括「共性」與「個性」。共性即共同特徵，是指某類工具所共有的特徵，例如：痕跡特定式樣、形狀和大小等，可用以判斷該痕跡係屬於何類工具或方向所造成的，此種共同性僅止於類別特徵，只有消極的排除效果，並無積極的認定作用。「個性」，即個別特徵，是指某一工具所具有的獨特特徵，雖然是同一類的工具，且其製造工廠、所用機器、製造工人、原料機件均相同，但是由於製造過程所需時間，輪軸旋轉速度有所不同，且每次製作工具後必定造成工具機些微消耗及磨損，這些差異變化構成了不同的個化特徵；再加上工具出廠售出後，由於持有人或使用人的修改（如磨尖等），不當使用、濫用所產生的損耗、磨損，於是造成各種工具所獨有的特徵，這些特殊痕跡，成為工具個化的基礎，亦即實驗室比對工具痕跡的理論基礎。本案例中，研判使用者可能屬於左撇子，即是利用左右力道不同產生的共性特徵進行研判。

第三卷　攻戰計

第十三計　打草驚蛇

計謀釋義

《三十六計．攻戰計．打草驚蛇》原文為：「疑為叩實，察而後動，復者，陰之媒也。」意指有值得懷疑的地方就要去偵察實情，完全掌握了實情再行動。反復偵察，這是發現位在暗處的敵人的方法。

「打草驚蛇」計名出自唐代段成式《酉陽雜俎》：唐代王魯為當塗縣令，搜刮民財，貪污受賄。有一次，縣民控告他的部下主薄貪汙。他見到狀子，十分驚駭，情不自禁地在狀子上批了八個字：「汝雖打草，吾已驚蛇。」「打草驚蛇」，作為謀略，是指敵方兵力沒有暴露，行蹤成謎，意向不明時，切切不可輕敵冒進，應當查清敵方主力配置與調兵狀況再說。兵法早已告誡指揮者，進軍的路旁，如果遇到險要地勢，一定不能大意，否則一不小心「打草驚蛇」，被敵人發現，便容易遭到埋伏之敵所殲。可是戰場情況變化多端，有時己方巧設伏兵，卻故意「打草驚蛇」，讓敵軍中計的戰例也很多。所以「打草驚蛇」之計，要從兩個方面來理解，一則指對於隱蔽的敵人，己方不得輕舉妄動，以免敵方發現我軍意圖而採取主動；二則指用佯攻等方法「打草」，引蛇做出下一步動作（出洞逃離），再讓敵人中我埋伏，加以殲滅之。

古代戰例

明朝末年，李自成起義部隊逐步壯大，所向披靡，圍困明朝都城開封時，崇禎連忙調集各路兵馬援救。但李自成已完成了對開封的包圍部署。明軍方面，二十五萬兵馬和一萬輛炮車陸續增援開封，集中在離開封西南四十五里的朱仙鎮。李自成為了不讓援軍與開封守軍合為一股，在開封和朱仙鎮分別布置了兩個包圍圈，把敵軍分割開來。又在南方交通線上挖一條長達百里、寬為一丈六尺的大壕溝，一斷敵軍糧道，二斷敵軍退路。

明軍各路兵馬見朝廷大勢已去，各個貌合神離，心懷鬼胎。李自成兵分二路，一路突襲朱仙鎮南部的虎大威的部隊，「打草驚蛇」，作勢要強攻，使得虎大威的部隊嚇到躁動逃竄；一路則牽制明軍力量最強的左良玉部隊。在收拾擊潰虎大威的部隊後，無法出兵相救的左良玉果然被圍困得難以脫身，被李自成逼得只好往西南突圍。李自成還故意放開一條生路，讓敗軍潰逃。但路上早有設計，沒想到左良玉退了幾十里地，就遭遇到李自成先前已經挖好的大壕溝，戰馬過不去，士兵只得棄馬渡溝，倉皇逃命。早先安排在此的伏兵見狀迅速出擊，最終使得左良玉全軍覆沒。

警界與匪鬥智之「打草驚蛇」篇

新北市幅員遼闊，地理位置在臺北市外圍，因為地利之便，故為許多北上打拼人士暫時落腳處，各路英雄好漢落腳於此，人口組成極為複雜，對治安之穩定影響甚鉅，某日警方經由線民處得知消息，三重某處集合式住宅內，疑似有販賣毒品通緝犯入住，惟該處人口複雜，多為出租房屋，且每棟建築即有將近一百戶左右，查證困難。但該線民所提供之消息極少出錯，故仍有進一步查證之必要。

警方若要加強訪查大樓住戶的組成分子，多半會從管委會下手。但大部分大樓管委會組織鬆散，對於居住人口特性也不了解，登記的資料多數為房東等人姓名，對於實務工作幫助較小。為了瞭解目標大樓內暫住人口的狀況，警方通常會運用「家戶訪查」作為收集資料之方法，但若遇到民眾拒絕開門，警方亦只能悻悻然離去，無法做有效的查詢。[17]

苦惱之際，警方見大樓公布欄中有地下室出租停車位收益使用、頂樓樓板漏水、化糞池整修等區分所有權人欲討論事項，警方心生一計，不妨與管委會合作，針對非房東本人居住的住宅發通知書，告知管委會將針對這些重要整修事項進行面對面溝通，將擇定時間專程至府上協調及聽取意見。後由警方擇定可疑的住戶近二十餘戶，做面對面的溝通，一來協助管委會調查意見，二來則是趁機觀察，了解住戶組成分，順便可疑的住戶做一總清查，並同時以通知開會等名義，向住戶要相關電話。

經由幾天的密集查訪後，發現位於大樓某處的居民頗為可疑，除該人士為獨自租屋外，側錄大樓監視器，亦發現來往分子較為可疑，日常作息與行動均與他人不同，幾乎足不出戶，行蹤詭異，對照其外觀特徵，亦與線民所描述之外型相符。為免打草驚蛇，喬裝之警方並未詢問其真實姓名，僅詢問其姓氏，而其所留之行動電話基資，屬於易付卡性質，登記人士亦非本國人士，顯然有刻意逃避追蹤之嫌疑。鎖定目標後，另一問題是，是否要申請搜索票入內搜索？或是用其他方法驗證，由於申請搜索票，尚須相關資料輔助，但以現今所得情資，似嫌不足；又該嫌犯平常足不出戶，難以盤查，貿然進入其房間，除了違法之外，尚有一定之人身風險，故引誘其外出再行盤查，似乎為最好之方式。

為確認該當事人確實可疑，並刺激其外出離開室內，將原本無法入室搜索的嫌犯主場優勢變為警方主導；偵查人員心生一計，先在現場上下樓層電梯及樓梯間內布置警力，再以派出所名義，撥打其提供的電話，稱奉上級長官命令，要強化警勤區經營效能，必須針對轄區內「暫住人口」做系統性而有條不紊的清查，且派出所員警將於二十分鐘後到訪，要求其不要離開，在家等候，並表示若未遇到，將再擇日到訪。

經此「打草驚蛇」後，該可疑人士一掛上電話，馬上奪門而出，往下跑，馬上遇到警方盤查；接著回頭又往上跑，再遇到另一組埋伏員警，只好乖乖站在原地。「遇警即逃，非姦即盜」，警方更加確定，該人士顯然大有問題，否則何須接到電話後立即逃跑？警方隨口嚴厲的喝聲一句：「自己做過什麼事情，你自己最清楚，不要浪費大家的時間，自己清楚交待究竟做過什麼事情？」嫌犯自覺已遭鎖定，無法再閃躲，信心全數瓦解，便從實招來自己真實身分，並帶同警方入內搜索，最終起獲毒品及買毒品之現金等證物。

偵查小知識

⑰家戶訪查工作，是參照國外社區警政作為，透過主動拜訪民眾，警民一起達成犯罪預防、為民服務及社會治安調查等三項法定任務。員警執行家戶訪查工作，除規定不得配槍，另對於民眾隱私權的保障，均以《警察勤務區家戶訪查作業規定》加以詳細律定。故警察執行家戶訪查，應尊重當事人之權益，依誠實及信用方法為之，不得逾越訪查目的之必要範圍，並應與訪查目的具有正當合理之關聯。所得資料，應保守祕密，不得洩漏。警勤區員警實施訪查時，應經訪查之住居人、事業負責人或可為事業代表之人「同意並引導」，始得進入其適當處所辦理。如未獲當事人同意進入或查訪未遇，應實施間接訪查或約定查察。綜上由此可知警察勤務區家戶訪查工作，並無強制性，無法強制民眾一定要接受查察，民眾依法享有拒絕的權利。

第十四計　借屍還魂

計謀釋義

《三十六計．攻戰計．借屍還魂》原文為：「有用者不可借；不能用者求借。借不能用者而用之，匪我求童蒙，童蒙求我。」意指應該有用的卻沒拿來利用，這是因為我擔心不能控制它，沒有用的卻要拿來利用，這是因為我完全可以控制它。利用看起來不能用（不能為我所用）的而來控制它，這符合《易經．蒙卦》：「不是我受別人的支配，而是我支配別人」的精神。

「借屍還魂」計出八仙之一鐵拐李練仙返回人間借死乞丐肉身復活的故事。它的中心思想是：控制原本所不能控制的敵人，使其協助我方完成任務。從政壇三十六計愛用者的人生事跡可以知道，在改朝換代的時候，他們都喜歡推出亡國之君的後代，打著他們的旗號來號召天下。政治人物用這種「借屍還魂」的方法，從中賺得聲望，再來伺機取而代之、得天下。軍事上，指揮官一定要善於分析戰爭中各種力量的變化，要善於利用一切可以利用的力量。有時，我方即使受挫，處於被動局面，如果善於利用一切看起來不可能能為我所用，但只要改變做法或想法即可以加以利用的力量或物資，也就能夠轉被動為主動，變不可能為可能，達到取勝的目的。

古代戰例

秦二世元年，陳勝、吳廣被徵召帶領士卒戍邊。當沒想到走到大澤鄉時，連降大雨，道路被水淹沒，眼看無法按時到達目的地。按當時秦朝法律規定，凡是不能準時到達指定地點的戍卒，一律處斬。陳勝、吳廣知道即使趕到目的地，也難逃死罪，倒不如一拼，起義反秦，搞不好還能有一條活路。他們知道同行的其他戍卒們也都有這種想法，和大家商量完就揭竿起義了。

當時有兩位政治人物深受百姓尊敬，一個是秦始皇的大兒子扶蘇，溫良賢明，但已被陰險狠毒的秦二世設計給殺害了；另一個則是威望極高的楚將項燕。於是陳勝起義時，公開打出他們的旗號，希望能夠得到百姓的擁護。同時陳勝、吳廣還利用當時人們的迷信心理，在軍隊做菜的魚腹中故意藏入寫著「陳勝王」（陳勝稱王）的字條。吳廣又趁夜深人靜之時，故意在曠野荒廟中學狐狸叫，讓那聲音聽起來隱隱約約像「大楚興，陳勝王」的口號；士兵鄉民聽對陳、吳兩人更是支援。陳勝、吳廣起義，天下響應，反秦大軍節節勝利，秦朝終於滅亡。

警界與匪鬥智之「借屍還魂」篇

因為通勤人口多，臺北市的計程車在空車時，常在馬路上行駛，隨機尋找客人。但鄉下地方人口少，需求量不大，所以計程車司機通常以車行為中心聚集，一群人組成車行或車隊，平常在固定據點待命，有客人打電話叫車，再由輪值司機接聽並指派司機外出接送客人。這樣做的好處是免除於街上空轉，浪費汽油，二來司機在車行聚集也可聯絡感情。

某日排班之計程車司機小吳，接獲叫車電話後出門，卻從此消失音訊，等警方找到他的下落時，人已經死在三十里外的偏僻水溝內。驗屍發現小吳脖子有道甚為明顯的勒痕，臉部及手部呈現黑紫色，顯係遭他人勒斃後棄屍。不久之後，小吳的計程車被人發現棄置在城鎮的另一頭，車內現金遭洗劫一空，全案顯然是一宗強盜殺人案件。

警方首先過濾當天打進行車行叫車的電話，發現叫小吳出車的電話係從某超商公共電話打出來的。調閱監視影像後，發現黃姓男子涉有重嫌，隨即傳訊黃姓男子到案。但黃男有備而來，他向警方供稱當天原想叫車搭至臺中尋歡作樂，但後來發現忘了攜帶錢包，因此並未搭上小吳的計程車，更不知道小吳之後遇到死劫。由於不想跟太太解釋為何出門之後馬上回家，所以才到溪邊廢棄工寮待一整天後才返家。由於超商監視器鏡頭並未拍到馬路，無法證明黃男是否有搭上小吳的計程車。再調閱沿路有拍到小吳車子的監視器影響，發現計程車後方明顯下沉，顯為已載客的狀態，但受限解析度，無法確認車內乘客究竟是誰。

解剖時，法醫發現小吳頸部勒痕較為特殊，並非一般塑膠繩索痕跡所造成，比較接近加強農田工寮棚架連結力道的鋼索。警方原本期待找到殺人的鋼索後，能由鋼索上驗出黃男的ＤＮＡ，證明其犯行。⑱但在對棄屍與車輛棄置地點方圓三百公尺搜尋後一無所獲。至此，警方辦案陷入瓶頸。

警方發現在物證上找不到突破點，轉而從黃男身邊的人下手。在查訪黃男及其家人後，黃妻聲稱他與老公感情甚篤，加上家中並無財務困難，黃男不可能犯案；黃妻還希望警方不要再上門打擾生活。但黃男先前宣稱要到臺中尋歡作樂，顯與黃妻所言夫妻感情融洽的說詞有所出入；加上轄區派出所員警向偵查隊表示，其於值班時間曾多次接獲黃男鄰居通報黃家傳出劇烈吵架聲。

偵查隊分析以上資訊後認為，黃妻因為是外籍配偶，在臺灣舉目無親，加上孩子年紀還小，因而有明顯的依附心理，就算對先生和婚姻已經感到強烈不滿，若指出黃男確實可能涉案，可能造成家庭破裂——黃妻尚未取得臺灣身分證，無法順利工作、取得小孩監護權，可能還被迫得返回越南。再者黃妻可能長期受到家暴，擔心黃男報復妻兒，只好隱忍在心。

警方直覺黃妻應該知道許多祕密，雖然黃妻口風很緊，幾乎不可能協助辦案，但警方還是決定採取「借屍還魂」策略，希望從最難突破的黃妻下手，若黃妻願意轉而與警方配合，案件應可順利偵破。

經查訪發現，該區域的越南籍人士，假日常到國道工地下方的越南小吃攤聚集，黃妻亦偶而會前往該處；聚餐時與某位越南男性同鄉互動較多。於是警方火速調閱黃妻通信紀錄，發現她常在夜間與該越南籍男子電話長談，種種跡像顯示他們之間應該存在某種情愫。於是警方先找到該越籍同鄉，果然他表示確實對黃妻甚有好感，只是顧忌黃妻已經結婚，加上自己本身工作忙碌，和臺灣老闆還有契約在身，也不敢有非份之想。只有晚上黃妻來電表示遭受家暴時，加以安慰而已。同鄉還大膽的表示，若有機會，希望可以好好的照顧黃妻和他的小孩。此言正中警方下懷。

警方另覓時間，約出黃妻長談，告知越籍配偶來臺三年後即可取得身分證：

目前你來臺已近三年，如果願意配合警方調查，警方可協助你脫離苦海。你先生若真有犯案，勢必被判有罪，入監服刑，你可以在一年後取得身分證的同時，以你先生入監服刑為理由，申請離婚。而且依照臺灣民法判例，大部分都會將幼小的孩子判決給母親撫養，所以你無須擔心臺灣政府會拆散你們母子倆。而且你的同鄉也表達願意照顧你們的意願。在你先生入獄，家中沒有經濟來源的空窗期，他願將部分收入拿出來照顧你們。你們也可以等法院判決你和你先生離婚生效後和你同鄉辦理結婚登記；你同鄉的工作契約到期，也就可以取得居留權，你們在一起在臺灣共同打拼是沒問題的。

眼見黃妻猶疑不決，看似心動，警方趕快派人到工地，向工地主任商量後讓黃妻同鄉到分局來與黃妻長談。雙方原本無法說出口之情愫，頓時化成潰堤淚眼，黃妻也終於決定接受警方的建議。

卸下心防的黃妻告訴警方，其近來常見到黃男拿鋼索製作套索，向他詢問用途，黃男只表示這是準備上山設置陷阱用，但黃男一直以來並無打獵習慣。由於黃男又動不動就對自己拳腳相向，所以自己也不敢過問太多。案發當日，黃男的確帶著鋼製套索出門，直至隔日方才回家。只是先生返家後，臉色慌張，神情疲憊，似乎一整夜都沒睡覺的樣子。警方於是要求黃妻帶領前往疑似製作鋼質套索的工寮，並順利起出數個套索，由黃妻簽具相關採證紀錄後，火速送往實驗室比對。果然在其中一個套索順利檢出死者小吳的ＤＮＡ；該套索做為兇器，證據明確。警方取得檢驗報告後即刻將黃男拘提到案，全案順利宣告偵破。

同時，警方亦履行對黃妻的承諾，將黃妻轉介至社會局與新移民家庭服務中心，提供黃妻各項法律與緊急生活協助服務，順利地幫黃妻脫離家暴的苦海，重新展開生活。

偵查小知識

⑱此即為轉移性跡證，根據依路卡交換原理（Locard Exchange Principle），物體相接觸後，人與人、人與物、物與物，一定會產生跡證的轉移，此理論即為「四向連結理論」的核心，因此只要在死者、現場、涉嫌人三者間找到相關聯的轉移跡證（物證），即有相當強烈的證明力，凡任何經由接觸轉移之證物，均屬於轉移性跡證，較常見的如毛髮、血跡、體液、水泥（土壤）、玻璃、纖維、油漆等，這些轉移性跡證，除了可以進行成分鑑定，做類化或個化分析外，轉移性跡證形成的過程及原因，在現場重建中為重要的參考項目。

第十五計　調虎離山

計謀釋義

《三十六計．攻戰計．調虎離山》原文為：「待天以困之，用人以誘之。『往蹇來返』。」意指等待天時對敵方不利時再去圍困他，用人為假像去誘騙他，這符合《易經•蹇卦》：「往前有危險，就要返身離開」的精神。

「調虎離山」的中心思想是：引誘敵人離開巢穴或根據地，才好消滅他。「調虎離山」用在軍事上，是一種調動敵人的謀略。它的核心在「調」。虎，指占有優勢的敵方，山，指對敵方有利的地勢。如果敵方占據了有利地勢，並且兵力眾多，防範嚴密，此時我方不可硬攻。《孫子兵法》早就指出不顧條件地硬攻城池是下等策略（「其下攻城」），拿軟碰硬容易導致失敗。正確的方法是設計引誘，把敵人引出堅固的據點，或者，把敵人誘入對我軍有利的地區，這樣做才可能取勝。

古代戰例

東漢末年，北邊羌人叛亂。朝廷派虞詡平定叛亂，虞詡的部隊在陳倉崤谷一帶受到羌人阻截。這時，羌人士氣正旺，又占據有利地勢，虞詡見狀判斷不能強攻，但又不能繞道，大部隊陷入進退兩難的局勢。於是虞詡決定騙誘羌人離開堅固的據點。他先命令部隊停止前進，就地紮營，再對外散布行軍受阻，向朝廷請派增援部隊的消息。羌人見虞詡已停止前進，看起來像在等待增援部隊，就放鬆了戒備，紛紛離開據點，到附近劫掠財物。

虞詡見敵人離開了據點，馬上下令部隊急行軍，日夜兼程，每日超過百里，終於順利的通過山谷。同時他下令在急行軍時，沿途還增加灶的數量，今日增灶，明日增灶。敵人據此誤以為朝廷援軍已到，自己的力量又已經分散，更不敢輕易追擊。虞詡運用「調虎離山」一計，順利地通過陳倉崤谷，轉入外線作戰。羌人由於在時間和空間上都轉入被動局面，不久，羌人的叛亂即被平定。

警界與匪鬥智之「調虎離山」篇

目前兩岸共同打擊犯罪機制運作得還算順利；兩岸共同重視的治安課題主要集中在電信詐欺、跨境毒品犯罪上，執行效果相當顯著。但大陸各地執法效率、重點項目、偵查技術水平不一，導致雖然破案，總有漏網之魚在逃。由於事涉雙方主權，就算我方急於緝捕某些特定對象，但若無直接對口單位全力協助，哪怕明明知道人在大陸哪個地方，在彼岸的我們，有時也只能乾瞪眼。加上兩岸合作執法，容易被政治干擾，所以不法人士在臺灣犯案後，常選擇到比較沒適應問題的對岸躲藏，增加警方追緝的困擾。

綽號「黑猴」的陳姓角頭在地方圍事已久，平常擁槍自重，以收取保護費維生。經濟景氣好時，黑猴收取一定的保護費，自然多少盡一點「保護」之責。被勒索的攤商既認為收費金額在可負擔的合理範圍內，又能避免其他黑幫的騷擾，也就沒人出面檢舉；黑猴與鄰近的黑勢力就在這種平衡的狀況下，維持一段時間的和平。

誰想到後來黑猴為了擴張勢力，便以合法掩護非法，成立多家廢棄物清運、建設、消防器材、當鋪等公司，又亟思結合政治層面的力量，還出面競選地方民意代表。事業大幅擴張，很快的就造成公司資金周轉出現問題。為了減輕周轉壓力，黑猴轉而向當地攤商加倍收取保護費，同時用更殘忍手段向債務人催討債務。適逢經濟不景氣，部分攤商與債務人不願受黑猴催殘，因此向警方告發。警方透過長期蒐證，將黑猴列為治平對象，準備於行動日時同步收網，拘提黑猴及主要幹部到案。無奈事前風聲走漏，加上先前搶奪地盤時，黑猴曾犯下重傷害罪，一旦坐牢，恐怕永無出獄之日。於是黑猴透過其在大陸經商兄弟的協助，遠走大陸暫避風頭。

煮熟的鴨子飛了，讓警方顏面無光，一方面清查可能的洩密管道外，一方面分局也召開專案會議，研商如何讓黑猴回臺面對他的法律責任。根據清查所有資料研判，黑猴既沒有出境紀錄，但他的手機漫遊訊號卻在大陸各地出現，可見黑猴已假冒他人證件先一步離境。於是先將黑猴冒用他人證件進入大陸的消息上報刑事局與境管單位知悉，並將相關資料提供給對岸執法單位。

本以為黑猴離境後，他主持的公司即會瓦解，但黑猴竟然隔岸遙控本地事業，繼續危害地方，這讓警方難以接受。眼看不斷草除根，恐難絕後患，某次開會時，偵查隊長突然說：「我認為這裡頭還有可以努力的空間。」年輕的偵查佐滿臉疑問的說：「人在大陸，我們根本沒有地方可以施力呀！」偵查隊長回答：

話不能這麼說，黑猴雖然人在大陸，但是根據之前的情資分析，他是用其他人的身分進出國門，也就是黑猴可能擁有「真的」護照——他找了人頭重新申辦護照，卻在申請時換上黑猴的照片；護照是外交部製作核發的真護照，但照片是假的的。他手上的臺胞證，我想也是用這種情況製作的。黑猴一定很有自信可以自由進出國門不會被抓，但這正是他的致命傷。我們既然無法對付人在大陸的他，乾脆就引誘他回來，再加以逮捕歸案。

年輕的偵查佐好奇的追問：「那樣要怎樣引誘黑猴上鉤呢？」偵查隊長徐徐的說：

據我所知，黑猴交了很多女友，而且很大男人主義。只許自己去輕薄別人的女人，但是別人跟他女人搞曖昧，他就會抓狂。黑猴就曾把他疑似紅杏出牆的女友跟勾搭的男人打得半死。

根據之前金流監控的資料，他有相當多的現金都交由某一位紅粉知己保管。你只要到處去放風聲，說那位紅粉知己已經背叛他，拿了他的錢去養小白臉；而警方有次在汽車旅館臨檢時，就確實查到這位紅粉知己跟黑猴小弟在汽車旅館投宿。黑猴一直與臺灣這邊保持聯繫，肯定有好事者跟他提這件事。按照黑猴的個性，怎麼可能甘心被手下小弟戴綠帽？他鐵定會想辦法從大陸跑回來跟小弟拚個輸贏。這招就叫「調虎離山」——把黑猴調離我們拿他沒辦法的大陸地區。

就算黑猴因為戒心重，最後還是沒有回臺灣，也肯定會下令清理門戶。被冤枉的小弟怎麼可能會吞下來？氣憤的小弟加上被扣上「紅杏出牆」大帽子的女掌櫃，一定能鬧到他們集團雞犬不寧。他們一內訌，我們就有更多機會掌握到他們的犯罪事證。

年輕的偵查佐回說：「隊長你這招，除了『調虎離山』，把黑猴騙回臺灣之外，還『借刀殺人』，我們則是『隔岸觀火』，坐收漁翁之利！」隊長解釋道：

就執法者的立場，我們當然不能讓他們真的自相殘殺。一旦收到他們要火拼的風聲，就要趕快出面壓制。及時壓制，既可避免人員傷亡，也可以順便查緝到一些黑槍，賺一些績效；瓦解堂口卻能保全人命，還有績效，這也算是兩美的計策。

一如隊長估算的，逃亡在外的黑猴本來就擔心自己的事業隨時被同夥吃掉，加上先前黑猴已經懷疑這位紅粉知己的帳目不太清楚。警方放出的風聲在道上愈傳愈誇張，讓黑猴的面子掛不住，更是壓垮駱駝的最後一根稻草。黑猴忍無可忍，於是拿著之前假冒的身分潛回臺灣，想要跟讓他戴綠帽的小弟一決輸贏。

但警方早就在機場擺好陣仗等他。雖然無法明確的知道黑猴究竟使用何人的身分，但鎖定黑猴常用來與臺灣聯繫的手機號碼，透過手機定位系統的協助，很快的就找到人還在機場的黑猴，順利的將他拘捕到案。

第十六計　欲擒故縱

計謀釋義

《三十六計・攻戰計・欲擒故縱》原文為：「逼則反兵，走則減勢，緊隨勿迫。累其氣力，消其鬥志，散而後擒。兵不血刃，需，有孚，光。」意指逼得敵人無路可走，就會遭到強力的反撲；讓他逃走，則可以消滅敵人的氣勢，所以要緊緊地跟緊敵人，但不要太過逼迫他，藉此消耗他的體力，瓦解他的士氣，等他的兵力分散了，就可以手到擒來。這樣用兵可以避免流血，不逼迫敵人，並讓他相信，己方的轉進對戰爭全局是有利的。這符合《易經・需卦》不用進逼敵人的精神。

「欲擒故縱」思想出自《老子・三十六章》，它指的是：先放掉敵人，才能耗掉他抵抗的力氣或循線抓到其他黨羽。打仗，只有消滅敵人，奪取地盤，才是目的。如果逼得「窮寇」狗急跳牆，垂死掙扎，己方因此損兵失地，並不可取。放他一馬，並不等於放虎歸山，而是在讓敵人鬥志逐漸懈怠，體力、物力逐漸消耗，最後己方尋找機會，全殲敵軍，達到消滅敵人的目的。「欲擒故縱」中的「擒」和「縱」看似似是一對矛盾的觀念，但「擒」是目的，「縱」是方法。「窮寇莫追」，把敵人逼急了，它只得集中全力，拼命反撲。不如暫時放鬆，使敵人喪失警惕，鬥志鬆懈，然後再伺機而動，殲滅敵人。

古代戰例

漢朝初年，北方的東胡國聽到匈奴「冒頓」殺父自立為王，想試探冒頓的為人態度，便派使臣向冒頓要一匹千里馬，匈奴國的臣子聽到後紛紛表示，國家只有這一匹先王遺留的千里馬，怎麼可以給人呢？冒頓笑笑後說：「東胡國是鄰居，怎麼可以為了一匹馬，失掉可貴的情誼呢？」於是把馬交給使者。後來東胡國又派人來向冒頓討匈奴國的皇后，臣子們更是生氣的反對，沒想到冒頓又笑著說：「我不能為了一個女人，失去與鄰國的交情。」就把皇后交給使者了。

三個月後，得寸進尺的東胡竟然大膽到想要兩國交界的空地，這次，冒頓卻突然從座位上站起來，生氣的說：「土地是一個國家的根本，怎麼可以給人呢？」便下令把使臣等人綁起來，並且以最快的速度出兵攻打東胡國，由於先前的無理要求都得到匈奴的應允，東胡國沒想到這次匈奴竟然有這麼大的反彈，所以在軍事上完全沒有任何防備；加上東胡國前幾次無理的要求已經惹怒了匈奴全國上下，匈奴軍隊因想要報復東胡，所以士氣很盛，所以很快地整個東胡國就被冒頓帶兵給消滅了。

警界與匪鬥智之「欲擒故縱」篇

在春安制度尚未調整之前，每年春安工作一到，各個警察單位眼中只有一個任務——努力達到長官所頒布的績效目標。因為不同單位有不同的績效要求，像派出所重點項目可能是酒駕攔檢、通緝犯追查等，刑事單位則為竊盜、槍砲等嚴重影響人民治安觀感的治安案件。⑲

春安工作發布後，各單位無不卯足全力，期待能在最短時間內達成績效目標，原因無他，因在多數警察單位內，有一不成文的規矩，那就是優先達成績效配分的員警，即享有優先排假的權利。排假權對於一般民眾，或許意義不大，但對於長年辛苦的員警來說，年節排假太晚，可能引起嚴重的家庭革命。

為什麼休假排得不好，會造成家庭革命？原因很簡單，因為多數員警來自鄉下，但考量治安狀況，國家警力多數配置於都市地區，所以大部分員警無不其待有朝一日能返鄉服務，就近照顧家庭。但無奈職缺僧多粥少，事與願違，唯一期待的就是連假能事先安排好行程，像全家的機票、車票、船票預訂等等。除返鄉團爐外，還能陪另一半回娘家。為達成此家庭義務，事先達到春安績效顯得非常重要。

為了讓同仁能順利放假，顏小隊長事先經過布線，並將相關證物送交刑事局比對，確認轄區內兩件汽車失竊案件均為同一慣竊所為。照往例來說，此類案件的偵辦模式為——取得刑事局的指紋或DNA鑑定書後，依規定發通知書請涉嫌人到案說明，兩次通知未到，則檢具鑑定書、涉嫌人通知書、前科紀錄表、現場照片、偵查報告、被害人筆錄等資料，函送檢察官偵辦，並於刑事資訊系統內輸入案件偵破，經審核後即可取得相關績效配分。

但顏小隊長研判，該嫌犯一定不只犯下該兩件案件，且一定不只在本轄犯案，只是其剛好於本轄犯罪時，被轄區盡責的員警採獲跡證而已。為了擴大偵破成果，顏小隊長決定將嫌犯拘提到案。一來可以在偵訊中取得線索，追查更多案件，二來也是造福其他同仁，幫其他未達標同仁提早取得績效。

經過長期跟監，該單位掌握到嫌犯的行蹤，最後在嫌犯藏身處將嫌犯逮捕到案，附帶搜索結果，發現除竊車工具一批外，另尚有現金近十餘萬元。小隊長心想，嫌犯長期失業，以偷竊維生，該現金應為贓款無誤。但實務上判斷現金是否為贓款的困難在於沒有人會在鈔票上做記號，也不會有人取得鈔票後馬上抄錄鈔票號碼，故要證明起獲的鈔票為犯罪所得是某人失竊現金，或收受贓物集團發出之贓款，極為困難。顏小隊長以為既然如此，乾脆來個「欲擒故縱」，先讓嫌犯感受警方暖暖的心意和試圖為嫌犯脫罪的用心，看看可不可能讓嫌犯感動，供出更多案件。

首先警方動之以情，假裝為對方著想的說：

哇！這麼多鈔票，你自己算清楚，自己留著用，我們就不要查扣了，讓你帶進去坐牢用。我看這一次的案件，連同上一次判決定讞的案件，根據現在監獄行刑法的規定，累進處遇到可以假釋，你可能也要在裡面待個一年半左右。現在天氣那麼冷，沒有帶點錢進去怎麼生活？棉被、內褲、拖鞋、內衣都要錢啊！沒有錢進去一定會被欺負的。

再藉口此次逮補行動，其實已算是在放水：

還好這次我們慢一點抓你，其實我們早就知道是你做的，假如太早抓你的話，你之前的先去執行，判一年，累進處遇到可以假釋的時間也要一年多，現在一起合併執行，就算這些再判一年，合併執行，原本二年，現在只要一年半，你還賺到半年。

接著警方假意是要幫嫌犯脫罪：

還有三件竊盜案資料，就不要附上去了，給嫌犯多一點機會，我們處理完，準備放假去，當作沒這回事。當事人這麼配合，大家都好過年，這個我來作主就好。

小隊長便當著嫌犯的面，將一堆文書丟進去碎紙機處理掉，事實上，那些只是廢紙。但以上這些言行早已唬弄得嫌犯一愣一愣的。

嫌犯看到這些場景，竟然感動的掉下眼淚來——沒想到警察依法執勤，還會幫忙設想到自己入獄後的生活，又幫忙計算，看怎樣的刑期對當事人最好，還將幾件案子給「搓掉」。此時嫌犯突然供出：

沒想到你對我這麼好，只有你才會幫我想這麼多。我跟你講，其實我還偷了一輛車，上面還有偷來的電纜，還沒剝皮轉賣，車子現在藏在烏溪橋河床附近的一個工寮內。我知道你們還缺點績效，這個就算我送給你們的。

賓果！顏小隊長心想這招「欲擒故縱」成功了。嫌犯又跟我們坦承兩件竊盜案，績效達標，這樣子大家都可以過好年了。

偵查小知識

⑲民國七十六年政府宣布解嚴後，警政署即開始接續之前警備總部規劃的「春元演習」工作，於七十六年十二月十九日制訂《七十七年春安工作計畫指導》，正式將名稱變更為「春安工作」迄今。原本春安工作內容包羅萬象，包括三大主軸：（一）治安平穩——以「偵防並重、遏止犯罪」為策略，執行加強防制竊盜、檢肅非法槍彈、取締職業性賭場、強化金融機構安全、保護青少年暨維護學生校外安全、偵破重大刑案、防制毒品危害、積極查捕重要逃犯、防竊（扒）、防搶、防詐騙宣導等重點工作；（二）交通順暢——以「一路順暢、人車平安」為目標，執行交通安全順暢、減少交通事故、嚴懲惡性違規、合力宣導等重點工作；（三）服務熱忱——以「傾聽民需、回應期待」為服務要求，設置機動派出所、加強推動「空中派出所」服務、幫助失蹤人口返家團圓、民眾舉家外出住居安全維護、保護民眾存提款安全、有效運用民力等措施。民國一〇五年之後，警政署署長陳國恩署為使警察同仁勤休正常化，及避免同仁為爭取績效而「養案、養績效」等情形發生，致勤務失衡，故決定將原有十六項績效評核簡化精進為七項，即原往年列入績效評比之「檢肅非法槍彈」、「加強查緝竊盜」、「保護兒少安全」、「偵破重大刑案」、「防制毒品危害」、「積極查捕重要逃犯」等均不列入績效評核；另原警察平日即在執行之為民服務工作，亦回歸常態，原列入評比之「協助維護民眾（含外僑）舉家外出住居安全維護」、「設置機動派出所」、「幫助失蹤人口返家團圓」等亦不列入評比。

第十七計　拋磚引玉

計謀釋義

《三十六計・攻戰計・拋磚引玉》原文為：「類以誘之，『擊蒙』也。」意指用類似的東西去迷惑敵人，使敵人昏懵上當。這符合《易經・蒙卦》：「對付腦袋不清楚的人」的精神。

「拋磚引玉」典故出自《傳燈錄》記載的故事：常建用自己的詩引出趙嘏續作。但後來「拋磚引玉」在軍事計謀上，指以假貨換真貨，讓敵人上當。「磚」和「玉」皆是比喻，「磚」指的是小利或不值錢的東西，它被做為誘餌來使用；「玉」指的則是作戰的真正的目的，即勝利。釣魚要釣餌，魚兒看到甜頭才會上鈎；打仗要讓利，敵人占了點便宜，才會中圈套。戰爭中，常用老弱殘兵誘敵出兵，或者遺棄糧食柴草誘敵奪取，都是運用此計之例。使用此計，必須充分瞭解敵方將領的心理素質、性格特徵，確定對方夠貪心，才能讓此計發揮預期的效果。

古代戰例

唐武則天主政時期，契丹攻占營州。武則天派曹仁師、張玄遇、李多祚、麻仁節共四名大將西征。契丹先鋒孫萬榮熟讀兵書，頗有腦筋。他想到唐軍聲勢浩大，如果我軍與之正面交鋒不利。於是他先在營州放出軍隊缺糧的輿論，並故意讓被俘的唐軍逃跑。曹仁師見一路上逃回來的唐兵各個面黃飢瘦，再聽到他們回報營州嚴重缺糧，心中大喜，認為契丹不堪一擊。唐軍先頭部隊張玄遇和麻仁節部得知此事後也想奪首勝，便同時向營州快速推進。

唐軍星夜兼程，趕到西硤石谷時，見道路狹窄，兩邊懸崖絕壁。按照用兵之法，這裡正是容易遭到埋伏的險地。可是張、麻二人太過輕敵，加上想搶首勝的心理，竟沒有特別布署，直接下令大部隊直線前進。果然行到黃昏時分，只聽一聲炮響，絕壁之上，箭如雨下，唐軍中伏，人馬踐踏，死傷無數。孫萬榮親自率領人馬從四面八方進擊唐軍。唐軍前有伏兵，後有騎兵截殺，不戰自亂。張、麻二人最後被契丹軍生擒。

警界與匪鬥智之「拋磚引玉」篇

詐騙案件一直是臺灣治安的嚴重問題。詐騙集團早期多是利用民眾貪心的心理，例如聲稱因六合彩或賽馬會中獎，需要先行提撥保證金，騙取民眾將現金匯到海外帳戶後私吞；後來則是利用民眾單純與畏懼權威之心理，例如聲稱線上購物操作錯誤，需要去ＡＴＭ解除分期付款設定；或者以「猜猜我是誰」的方法讓民眾誤以為朋友急需用錢而匯款；或者以帳戶涉及不法，司法單位要監管帳戶並保管現金等等。詐騙集團分工組織嚴密，有人出面取款、有人收買帳戶、有人購買個資、有人設立機房、有人專責會計，還安排人員訓練如何接聽與撥打電話等等。

因應這類新型態犯罪，針對詐騙集團的偵辦權責區分也不斷改變，全都是為了要減少民眾報案的不便以及儘速抓到犯嫌。以匯款過程需使用的人頭帳戶為例，若民眾金融機構帳戶遭盜用，已經有民眾受害將金錢匯入該帳戶時，則以該人頭帳戶所有人的戶籍機構所在地之警察機關偵辦為負責偵辦單位。如果犯嫌親自出面取款，則是由取款地的警察單位偵辦。之所以有以上規範，是因為出面取款案件中，若金融機構事先通報有民眾異常領取大量現金，讓最熟悉轄區地形、巷道分布、交通狀況、監視器分佈的當地派出所出面協助，最能達到防堵與打擊犯罪的效果。⑳

某日一位生活單純的獨居退休教師，接到自稱臺中地檢署檢察官的電話，電話中的檢察官表示退休教師郵局帳戶因涉及洗錢，須監管其帳戶內之金錢。由於退休教師一生從未與司法人員打過交道，聽到自己可能涉及洗錢，擔憂不已，加上獨居，無人可以商量，而詐騙集團又多次於電話內恐嚇他偵查不公開，千萬不能與他人提起此事，否則將直接聲請羈押。退休教師緊張的趕到郵局，打算將帳戶內現金近兩百萬提領一空。

退休教師提款時，郵局職員發現其帳戶交易十分單純，月初除退休金固定入帳外，每月僅固定提領兩萬元作為生活費，並無其他多餘開銷。故進一步詢問提領款項的用途，以及是否須通報警方協助護鈔等。但退休教師對以上問題均未回答。職員研判其應係遭到詐騙集團欺騙無誤，所以一方面說明因提領大額款項，需經主管特別審核，另一方同時通報轄區派出所員警到場關切。

適逢轄區派出所主管帶班巡邏，抵達現場後，詢問該退休教師同樣問題，惟該退休教師均不願說明。警方雖然一再解釋此為詐騙集團的慣用手法，但該教師仍然執意提領。警方一則不希望他受騙，也想好好修理這詐騙集團。於是決定採用「拋磚引玉」一計，運用一點小利，引出詐騙集團成員來加以逮捕。警方先通知退休教師家人到場，並向其說明警方的策略，希望他們能協助逮捕集團成員。

警方先請家人向該退休教師告知，會先將現金存回原本帳戶，而要交給檢察官之現金，家人會另外準備好。然後請退休教師家人至書局購買與新臺幣千元鈔券一模一樣大小的文具鈔票，再請郵局人員幫忙以每十萬元一捆的厚度綁實，前後再搭配兩張真的新臺幣千元鈔券，總計二十綑。由於每綑假鈔與真鈔厚度一致，也使用郵局專用紙條綁實，不仔細看還真無法發現中間是使用玩具鈔票偽裝的。之所以要真鈔假鈔相混，除了要能騙過出面取款的車手外，也因為每綑假鈔前後確實有一張真鈔，故車手取款後就逮，警方也可以向法院證明真有詐騙取款事實，避免集團成員辯稱並未取得真鈔而逃過法律制裁。

準備就緒後，再向退休教師取得他與詐騙集團約好的取款時間與地點，事先埋伏。根據警方以往經驗，詐騙集團出面取款時，也會擔心是否遭到誘捕，故會極度小心，像是先電話詢問被害者是否獨自一人在家，又或者假裝房仲人員、推銷員按門鈴探路，確認並無警方埋伏後再通知集團車手出面取款。警方當然也了解集團慣用的技倆，所以除了事先規劃路線外，在附近重要交通要道，如檳榔攤、便利超商等處所先行派遣警方人員進駐。湊巧的是，轄區派出所於數天前接獲某工程公司人員於交款日當天在該地點進行吊車作業之路權申請，也就順勢於被害者住家附近假扮工程公司的交通疏導人員，對退休老師居所進行嚴密監視。

經過長時間等待，詐騙集團車手終於現身，只見兩位面容稚嫩的少年，穿著與其外觀不甚搭配的西裝，進入被害者家裡。由於被害者家屬先前為了預防退休老師跌倒，已在屋內裝設遠端監視鏡頭，警方利用透過手機軟體便能全程監錄交款過程。鏡頭裡只見兩位車手見到成綑鈔票後，信以為真，滿心歡喜地取走鈔票，還將偽造的監管收據交與被害者收執。警方確認附近已經無集團接應人員後，讓附近監視的員警往被害者家中靠攏，待車手出門後，立即將車手制伏，順利逮捕歸案。

偵查小知識

⑳根據《警察偵查犯罪手冊》第三十條律定，經濟犯罪案件管轄區分下：（一）未涉及帳戶匯款之案件，由發生地之警察機關負責偵辦。當面取款詐欺案件，由面交發生地警察機關為主辦單位；（二）涉及帳戶匯款案件，以帳戶開立人戶籍地之警察機關負責偵辦，其他相關警察機關協同辦理。但同時涉及當面取款詐欺案件者，統一由面交發生地警察機關為主辦單位；（三）網路詐欺案件，涉及帳戶匯款，比照經濟詐欺案件涉及帳戶匯款之管轄律定，即以帳戶開立人戶籍地之警察機關負責偵辦；未涉及帳戶匯款之網路詐欺案件仍適用一般網路犯罪之管轄區分；（四）涉及境外匯款、外籍人士金融帳戶或無記名儲值卡，以被害人第一次匯款地之警察機關主辦。

第十八計　擒賊擒王

計謀釋義

《三十六計．攻戰計．擒賊擒王》原文為：「摧其堅，奪其魁，以解其體；『龍戰於野，其道窮也。』」意指澈底地摧毀敵人的主力，抓住他的首領，藉以粉碎他的組織。這符合《易經．坤卦》：「飛龍被困在陸地上，他的路已經走到盡頭」的精神。

「擒賊擒王」計名出自唐代詩人杜甫〈前出塞〉：「挽弓當挽強，用箭當用長，射人先射馬，擒賊先擒王。」民間也有類似的俗語，叫「打蛇要打七寸」，也是這個意思；蛇身很長，很難搞清它的要害到底在哪裡，從頭算下來七寸的地方差不多是蛇的心肺左右，擊中要害，這隻蛇也算完了。「擒賊擒王」計用在軍事上，主要指欲打垮敵軍，就要擒拿敵軍首領，破壞敵軍主力，才能使敵軍澈底瓦解。古代的爭戰，因為指揮系統較為落後，需要目視而定，所以兩軍對壘，敵軍主帥的位置比較容易確定。如果只在意要取得小勝，敵方主帥已在目下所及，有機會卻不去摧毀敵軍主力、指揮官，無異於放虎歸山，後患無窮。

古代戰例

明英宗時，北方瓦刺逐漸強大起來，有覬覦中原的野心。英宗寵幸的太監王振拒絕了大臣們在瓦刺通往南方的要道上設防的建議，卻千方百計地討好瓦刺的首領也先。沒多久也先恩將仇報，親率大軍攻打大同，進犯明朝。明英宗決定御駕親征鼓舞士氣，同時命王振為統帥。

由於先期的糧草沒有準備充分，五十萬明軍倉促北上。一路上又遇到大雨，行軍緩慢。也先得知，認為這正是捉拿英宗、打擊明軍士氣、平定中原的大好時機。所以等明朝大軍費盡力氣抵達大同時，先命令大隊人馬向後撤退。王振見狀，誤以為瓦刺軍懼戰，便倉促下令追擊瓦刺軍。誰也先早就派騎兵精銳分兩路從兩側包圍明軍。明軍幾位善戰的先鋒朱瑛、先晃都遭到瓦刺軍伏擊，戰死沙場。英宗不得已只得下令退兵。本來大臣們建議部隊趕路到懷來城，憑險拒守，以待援軍。誰知不諳軍事的王振卻堅持在土木堡等待後頭的輜重跟上，結果全軍遭到也先部追擊包圍。王振草率突圍，卻中了誘敵之計。英宗在亂中也被生擒。皇帝被擒，五十萬明軍了無戰意，遭到瓦剌軍全殲。

警界與匪鬥智之「擒賊擒王」篇

前幾年社會大眾對智慧財產權的觀念還不是很清楚的時候，各地夜市常出現盜賣各種版權光碟的案件。這類案件中，嫌犯通常利用網路交流或到各地尋找不知情的蹺家少年，利用少年想要獨立自主、自食其力的念頭，提供抽頭，要求少年代為販賣盜版光碟。這些幕後的指使者不斷向青少年洗腦，說明就算販賣盜版被警察查獲，法院也不可能羈押未成年的當事人。因而一時間夜市裡擺滿了成堆的由這些未成年顧攤的盜版光碟。

為了逃避警方的查緝，嫌犯先選好夜市攤位，擺上各種盜版光碟後即離開，再叫雇用的青少年在附近看顧攤位。攤位上則擺著存錢筒，上有標語寫著：「歡迎自取，取後請自行計算金額投入桶內。」如果有人取走光碟者卻未投錢，少年便適時出現，「路見不平」地要求當事人付款。當然顧攤的青少年眼色也不會太差，如果發現未付錢的人長得一臉「執法人員」樣，就摸摸鼻子認賠；所以警方在查緝這類案件的成效很低。

為了查緝此種侵害智慧財產案件，又為了避免遭到識破，警方多半派出警校剛畢業不久，看似學生樣的年輕員警出面，到攤位前選取光碟後故意未投錢，作勢要離開，再趁少年出面阻止時，表明身分，將少年連同證物帶回偵辦。可是案件移送少年法庭後，法官多半考量犯案少年年幼無知，遭他人利用，且多為初犯，所以多以訓誡、假日生活輔導或保護管束等方式處置，較少有安置輔導或是感化教育等限制人身自由的高強度懲罰。㉑因為少年犯案後沒有受到嚴懲，無法發揮嚇阻作用，所以夜市裡類似攤位一攤開過一攤。加上遭到盜版侵權的業者也深知犯案少年是遭到他人利用，根本無能力賠償，懶得提告，這些都使得幕後的藏鏡人更加有恃無恐。

轄區偵查隊長為了有效遏止這類智財侵權案件一再發生，決定使用「擒賊擒王」策略，找出幕後的指使者，加以究責，並阻斷市面上到處流竄的盜版光碟源頭。除了要對指使者其進行刑事追訴外，也希望能與遭盜版之廠商取得默契，尤其出面提出高額民事求償告訴，讓這些利用少年的不法人士深深得到教訓。

於是警方先找來歷次遭逮的少年，十分有耐性的與其溝通，希望他們出面指認，不要再讓其他少年受害。本來被逮之時，這些少年害怕會遭判重刑，加上擔心被幕後指使者報復，對於細節都不敢交待太多，但經承辦檢察官再三保證後，這些少年終於放心提供相關集團成員時常出入的地點、領貨場所、囤貨場所、銷售分紅等犯罪資料。更重要的收獲是從少年口中也取得了集團成員的聯絡電話。警方因此順利地對各個犯罪地點與主嫌住家發動同步搜索，查獲大量盜版光碟、燒錄機器以及帳冊等基本資料。

搜索犯嫌住家時，警方同步查扣嫌犯手機，清查其中的聯絡資料，發現這些電話號碼的申辦人，多為四十歲左右的中年男性，推測應即長輩辦好手機門號後交予子女使用，而這些少年遭到集團吸收後遂直接提供長輩代辦的手機號碼與主嫌聯繫，經此線索清查還有十餘名少年未到案。於是警方逐一撥打電話，電話中請少年由長輩陪同至警局製作指證筆錄，也趁機進行法治教育。警方再與少年法庭溝通，一在說明此案的嚴重與牽連之廣，二在希望法庭能給予少年們自新和重新修補家庭親子關係的機會。至此，整個盜版集團，從最上游的製造到最下游的販賣全部遭到警方澈底拔除。

另外警方也聯絡各個遭到盜版的廠商到場鑑定光碟真偽，廠商確認後，警方再開具相關證明，提供廠商另行對該主嫌提告大額民事賠償；果真殺一儆百，夜市內販賣盜版光碟的不法行為就此絕跡。

偵查小知識

㉑國家制定《刑法》等法律來維持社會平和的秩序，保障人民的安全，對於傷害社會或人民權益的行為（犯罪行為）規定處罰的項目及範圍。在處理未成年人犯罪時，特別制定《少年事件處理法》，教育及保護的意味較強，不若面對成年人犯罪時，處罰與犯行嚴重程度成正比，反而是多方考量犯錯的少年其家庭背景、個人品性、外在環境等因素，由法官、少年調查官、家長及少年一同進行「協商式審理」，就最適合協助少年改過向善的方式討論。

第四卷

混戰計

第十九計　釜底抽薪

計謀釋義

《三十六計．混戰計．釜底抽薪》原文為：「不敵其力，而消其勢，兌下乾上之象。」意指力量上不能戰勝敵人，就要從根本上瓦解他的氣勢，這就是《易經》兌下乾上的《履卦》所說的：「柔履剛」的辦法。

「釜底抽薪」思想出自北齊魏牧〈為侯景叛移梁朝文〉：「抽薪止沸，剪草除根」，它指的是：直搗敵人核心，才能化劣勢為優勢。鍋裡的水沸騰，是靠火的熱力。沸騰的水和猛烈的火是勢不可擋的，但產生火的原料薪柴卻是可以接近的。強大的敵人雖然一時阻擋不住，何不避其鋒芒，再藉機移除他力量的來源？戰場上最常用來削弱敵人氣勢的方法是攻心戰。所謂「攻心」，就是運用強大的文宣攻勢，讓敵人不知為誰而戰、為何而戰，攻勢自然減弱。另者，敵人再強大，也會有弱點，我方突然擊敗敵人的薄弱之處．再擊敗敵人主力，這也是「釜底抽薪」的具體運用，像襲擊敵人後方基地、倉庫，斷其運輸線等戰術就是。

古代戰例

漢初，吳王劉濞野心勃勃，他串通楚漢等七個諸侯國，聯合發兵叛亂，漢景帝派周亞夫率領三十萬大軍平亂。叛軍首先攻打忠於漢朝的梁國，梁國派人向朝廷求援，說梁國損失數萬人馬，已經快抵檔不住了，請朝廷急速發兵救援。漢景帝聽聞便命令周亞夫發兵去梁國解危，沒想到周亞夫卻說：「劉濞率領的吳楚大軍，素來強悍，如今士氣正旺，與他們正面交鋒，當下恐怕難以取勝。」漢景帝問周亞夫準備用什麼計謀擊退敵軍。周亞夫說：「他們出兵征討，糧草供應特別困難，我們如能斷其糧道，敵軍定會不戰自退。滎陽是扼守東西二路的要衝，必須搶先控制。」

於是周亞夫派重兵控制滎陽，再分兩路襲擊敵軍後方：一支部隊襲擊吳、楚供應線，斷其糧道；自己則親自率領大軍襲擊敵軍後方重鎮冒邑。周亞夫占據冒邑後劉濞大驚。他立即下令部隊回頭撲向冒邑。周亞夫堅守城池，拒不出戰。劉濞無計可施，數十萬大軍駐紮城外，糧草已經斷絕。周亞夫見敵軍士氣衰弱，便調集部隊，突然發起猛攻，大敗叛軍。

警界與匪鬥智之「釜底抽薪」篇

隨著政府不斷的祭出各種向毒品宣戰的政策，毒犯們感受到相當的壓力。為了降低被查緝的風險，情節輕重不一的煙毒犯也各自發展出一套應對警方的策略。以毒品製造者來說，減少風險的策略之一就是縮短製程，以避免製造過程拖太久而遭到查獲；又或者是縮短運輸時間、路程，以避免在運輸或交易過程中遭警方發現。

如要減少毒品的運輸時間及路程，毒品生產勢必要在地化，也就是預估當地近期可能有大量毒品需求時，就近選定地點，製造完畢後立即出貨，交至下訂單的大盤手中就離開。警方在查緝這種機動製毒工廠時，由於法院要求必須要「人贓俱獲」——也就是要在毒品製造過程結束前衝進去搜索，查到毒品正在製造才算數（毒品成品、人犯、運作中的工具一應俱全）。若在製程前進入，通常也不容易查到原料，只能扣留到製造器具或是試劑。可是這些東西都非管制品，均能在一般化工原料行等處所合法購得，持有並不算違法。

某轄區內因為警方近來發動一連串掃毒行動，導致市場上毒品缺貨嚴重，於是警方收到風聲，近期將有不法分子打算就地設置一臨時的毒品製造工廠。如果只是掃蕩市面上的毒品，沒有把設置在地方上的源頭給澈底清除，只會出現警方拼命抓，但煙毒犯卻永遠抓不完的情況。為了斬草除根，警方決定「釜底抽薪」，先讓不法分子如願的設立一個臨時工廠，等他們大舉把大量原物料移入而且有製造的事實，再加以破獲。此舉不但可以切斷本地毒品的來源，也能在經濟上給這些惡劣分子重大打擊，造成他們重大損失，讓他們短時間之內無以為繼。

根據市場現況，目前在地製造的毒品，以甲基安非他命或大麻為大宗。根據近來轄區查獲數量與相關販毒活動推估，不法分子應已於轄區內成功設置一臨時甲基安非他命工廠，只是警方目前苦無相關線報知道可能的設置地點。為了達到斬草除根的目標，警方決定清查設置毒品工廠所需的原物料與器具這兩個源頭。甲基安非他命的原料是麻黃素，既可能利用走私管道，也可能向合法藥廠大量購買感冒藥再加以提煉。因此警方先透過藥廠同業布線，打聽有哪些業務人員在大量批發感冒藥錠，且需求量遠超過一個業務平常鋪貨到一般診所所需。另一方面警方亦透過化工原料行、實驗器材行，了解有那些看起來「非學者」樣的人前去購買實驗器具。

警方從這二個方向取得名單，交叉比對，鎖定可疑人士後，再透過跟監，終於鎖定在地的毒品工廠位置。但問題是一般人買再多感冒藥都不違法，擁有化工實驗器材，數量再多也一樣不違法，只要沒有毒品的成品製成，警方就沒有足夠證據將地下工廠的負責人繩之以法。到底要怎樣才能判定攻入查緝製毒的最佳時間？由於可疑工廠地處偏遠深山，為了確認嫌犯已經開始製造毒品，警方只好每天扮演不同行業人員前往觀察，警方有時化身為登山健行者，有時則是農夫、臺電工程人員；有時則是盜林者或越野自行車愛好者。直到發現工廠附近草叢出現枯萎痕跡，附近並散發刺鼻惡臭，才能確定嫌犯確實已經有製造毒品的行為。

不過一趟毒品製程，長則一天，短則可以在一個小時內製造完畢。而且毒品一旦製成，很快就會運離工廠，人員也會跟著撤離。但警方申請搜索票需要一段時間，等拿到搜索票再回過頭來，撲空的機會特別大。為了人贓俱獲，掌握最精準的時機攻入，取得足夠證據將不法分子定罪，偵查隊長要求同仁要緊迫盯人，請具有野外求生經驗的隊員，在離工廠一小段距離的高地上駐守，忍著山上的蚊蟲叮咬和濕熱，穿著迷彩服，攜帶乾糧、藥品等，以每兩天輪值一次的方式，在制高點就地埋伏，隨時透過望遠鏡觀察盯梢。

等了幾天，終於發現工廠又開始運作——看門狗放出籠子四處警戒，工廠亦冒出白色不明煙霧。埋伏的員警趕緊透過無線電，請求山下同仁取得法院授權，並讓待命同仁衝上山支援。由於先前已經規劃好上山以及包圍的最佳路線，警方在很短的時間內即將地下製毒工廠團團包圍住，並在開槍震攝看門狗後一舉衝入，順利地破獲這個地下毒品工廠；第一時間人贓俱獲，也讓嫌犯無話可說，乖乖就逮。

由於查緝到的原物料、半成品以及成品數量驚人，重挫了本地毒品集團的金脈。經過這一次攻堅，警方「釜底抽薪」的連根拔除了犯罪集團的臨時基地，其他在逃的共犯也元氣大傷，短期之內也不敢再回到本轄從事不法的勾當。

第二十計　混水摸魚

計謀釋義

《三十六計・混戰計・混水摸魚》原文為：「乘其陰亂，利其弱而無主，隨，以向晦入宴息。」意指趁敵人內部混亂，利用他還弱小而沒有主見時，使他跟隨我，就像人跟隨天時吃飯、休息一樣。這樣做符合《易經・隨卦》：「一到晚上就要休息」的精神。

「混水摸魚」計名出自《三國志・蜀志・先主傳》，原意是在混濁的水中，搞得魚暈頭轉向，分不清楚東西南北，再來趁機抓魚，便可以得到意外的好處。此計用於軍事，是指當敵人混亂沒有主見時，趁機奪取勝利的戰術。它的重點是：局面混亂不定，一定存在著多種互相衝突的力量，那些弱小的力量這時都在考慮到底要投靠哪一邊，一時難以確定。這個時候，我方就要趁機把水搞混搞濁，以便吸引這些力量，再從中得利。更多時候，這個可乘之機不能只靠等待，而應由我方主動去製造：一方主動去把水搞混搞濁，讓一切開始複雜起來，迷惑對方的判斷力，一方面然後再在其中趁機行事。

古代戰例

赤壁大戰，曹操大敗。為了防止孫權北進，曹操派大將曹仁駐守南郡。這時，孫權、劉備同時都在打南郡的主意。周瑜因赤壁一戰得勝，氣勢如虹，想趁勝追擊，於是下令進兵，攻取南郡。劉備也把部隊調到油江口駐紮，想要盯緊南郡。劉備為了穩住周瑜，首先派人到周瑜營中祝賀。第二天，周瑜親自到劉備營中回謝，在酒席之中，周瑜單刀直入問劉備駐紮油江口，是不是打算要取南郡？劉備說：「聽說都督要攻打南郡，特來相助。如果都督不要，那就由我去占領。」周瑜大笑，說：「南郡指日可下，如何不取？」劉備說：「都督不可輕敵，曹仁勇不可擋，能不能攻下南郡，結局還很難說。」

周瑜一向自負，聽劉備這麼說，很不高興，便回說：「我若攻不下南郡，就聽任豫州您去占領。」劉備要的就是這句話，他馬上說：「子敬、孔明都在場作證。我先讓你去，如果打不下南郡，我就去取。」周瑜走後，諸葛亮建議按兵不動，讓周瑜先去與曹兵廝殺。周瑜發兵，首先攻下彝陵。然後乘勝攻打南郡，卻中了曹仁誘敵之計，自己中箭而返。後來周瑜欺騙敵人，傳出箭瘡大發而死的消息。曹仁因此輕敵，中了埋伏，只得往北逃去。周瑜大勝曹仁，立即率兵直奔南郡。但等周瑜率部趕到南郡，只見南郡城頭布滿旌旗。原來趙雲早已奉諸葛亮之命，乘周瑜、曹仁激戰時，輕易地攻取了南郡。

警界與匪鬥智之「混水摸魚」篇

小呂本性不壞，就是比較不會念書，還好運動細胞發達，所以一路從國中到高中都是念體育班，再保送大學，到北部某大學體育系就讀。但因為家鄉父母務農，沒辦法提供太多經濟上的支持，加上租屋，生活費等支出，單憑打工也很難過生活。於是在朋友介紹下到酒店當泊車小弟，除了基本薪水外，因為還有小費，小呂在北部的生活慢慢穩定下來，也交了個女朋友。

大學畢業、退伍後，因在校學習田徑，社會上也實在無法找到可以發揮專長的工作。原本就不太會讀書的他，也沒辦法像一些同學能順利考上學校的體育老師。所以小呂一開始先到健身房擔任教練。或許個性使然，他因未開發新的客戶，本薪不多，獎金也少得可憐，最後只好又回到老本行，去酒店泊車。好在同事們支持，一段時間後，小呂就當上了酒店幹部。

在五光十色的場合中，多少會遇到酒醉鬧事或是欲介入場地經營權、意圖收取保護費的各方人士，不過店方通常派出泊車小弟及酒店幹部等，藉著人多，多半能化險為夷。因為在高風險的環境工作，小呂的待遇不錯，也累積了一點財富。可是人生總有意外，某次小呂在介入處理衝突時，鬧事的酒客攜槍，小呂為了保護自己及大家，在和酒客搶槍的過程中，不甚開槍擊斃酒客。不得已只好展開逃亡，同時也遭地檢署發布通緝在案。

由於小呂本來就不是幫派人士，所以逃亡過程並無幫派奧援，只能靠自己。雖然酒店工作已經存了一筆錢，但很快就坐吃山空，小呂只好潛回老家躲藏。此一消息巧為轄區偵查佐小冬得知，小冬希望協助小呂歸案——原來小冬是小呂小學同班同學，他對往日的同窗情誼有所顧念的關係。

小冬心想小呂本性不壞，且當時開槍並非其所願，實在是因為場面太過混亂的關係，希望能在不遭遇太多抵抗的情況下將小呂帶回製作對他較為有利的筆錄，最好是能夠讓呂主動投案。於是小冬多次前往小呂老家，向小呂父母表明來意。可是小呂雖然知道小冬的心意，但是實在太過排斥監獄生活，萬一遭逮，甚至不惜犧牲性命明志。

一如往常，小冬利用勤區查察的時間，又到小呂家探查，不過這次卻巧遇小呂，小呂吃驚之於，退至父母堆置農具的資材室內，並反鎖屋內，隨手取得一罐農藥，表示若小冬再逼進一步，將喝農藥輕生。

小冬見狀除了趕緊請求支援外，也盡力安撫小呂情緒，同時向隊長溝通，希望不要強力攻堅，給自己一點時間勸小呂放棄自殺的念頭。小冬從小也幫父母從事田間工作，認得小呂手中所持農藥的毒性，只要喝一口，就算沒有當場死亡，送醫後，通常也是在一個星期內併發多重問題而往生。小冬極不願見到此最糟情況，所以隔著門口，跟小呂一直進行溝通：

你犯的是過失殺人，不是故意殺人，事情沒有你想像的嚴重，最多就是判十年，加上表現良好，服刑一半就可以申請假釋，關一下子就出來了，你千萬不要做傻事，你爸媽都在這邊看，這樣只是讓你爸媽難過而已。我可以幫你找到最好的律師，看在老同學的面子上，相信我這一次，做筆錄時做好一點，讓法官知道你是因為自衛或義憤殺人，判的刑期會更短。

誰知小呂情緒激動，拖了三個多小時，小冬的話他根本聽不下去。小冬認為再這樣下去也不是辦法。當下小呂似乎不太可能投降，但小呂也沒有傷害執法人員的意思，這種情況絕對不適合強力攻堅、開槍制伏，那樣該如何處理呢？現場有人提議，何不使用「混水摸魚」之計，故意製造混亂場面，擾亂嫌犯的判斷力，再趁機逮捕。提議者指出：

附近有許多本來就要燒掉當肥料的稻草堆，我們偷燒稻草堆，製造濃煙密布的起火假象，隨後申請消防隊支援，這樣小呂才不會懷疑我們叫消防隊到場的目的。接著讓消防隊協助我們在小呂困守的資材室窗戶前布置水線，一聲令下，消防隊員以破門鍾破壞資材室門口，同時以消防強力水柱沖倒小呂及手上的農藥罐，讓他沒有機會自殺，我們再衝進去壓制小呂。萬一過程中小呂不小心喝到農藥，因為已經被消防水柱沖淡，毒性也比較小。

很快的現場警方聯絡上消防隊，說明了計畫，並請小呂父母將田間的稻草堆點燃；消防隊也相當幫忙，提供各種救護、消防及破門設備到場，隨後如同原先的劇本安排，在一陣混亂中，趁著小呂還沒回神，一陣強力水柱順利沖倒小呂，隨後衝進資材室的警方也馬上將小呂壓制在地。「混水摸魚」，既逮捕小呂歸案，也避免一條寶貴生命就此消逝。

第二十一計　金蟬脫殼

計謀釋義

《三十六計・混戰計・金蟬脫殼》原文為：「存其形，完其勢；友不疑，敵不動；巽而上蠱。」意指保存陣地的原形，表現出強大的聲勢，使友軍不懷疑，敵人也不敢貿然進犯，而我方卻可以隱蔽地擊破另一支敵軍。這符合《易經・蠱卦》：「蠱惑」的精神。

「金蟬脫殼」計名出自《元曲選・朱砂擔・第一折》，原指寒蟬在蛻變時，本身脫離皮殼而走，只留下蟬蛻還掛在枝頭。此計用於軍事，是指透過偽裝來擺脫敵人，從容地撤退或轉移力量；利用偽裝製造分身，抽出真身去完成任務，以實現我方戰略目標的謀略。認真分析形勢，準確作出判斷，最後決定擺脫敵人、轉移部隊，這並不是消極的逃跑，而是一種分身術，使自己脫離險境之外，還巧妙地暗中調走精銳部隊去襲擊別處的敵人。這種調動如果要裝得神不知鬼不覺，一定要把假象造得有逼真的效果，連友軍也不懷疑。「金蟬脫殼」與「空城計」有相似之處，兩者都是利用一個空殼來迷惑敵人，但前者可能我方兵力足夠，故弄玄虛；後者則是兵力不足，迫於敵人威逼，不得不走的險棋（詳後）。

古代戰例

三國時期，諸葛亮六出祁山，北伐中原，但一直未能成功，終於在第六次北伐時，積勞成疾，在五丈原病死於軍中。為了不使蜀軍在退回漢中的路上遭受追擊，蒙受重大損失，諸葛亮在臨終前向姜維密授退兵之計。姜維遵照諸葛亮的吩咐，在諸葛亮死後，秘不發喪，對外嚴密封鎖消息，並帶著靈柩，祕密率隊撤退。此外姜維還命工匠仿諸葛亮模樣，雕了一個木人，羽扇綸巾，穩坐車中，並派楊儀率領部分人馬大張旗鼓，向魏軍發動進攻。

魏軍遠望蜀軍，軍容整齊，旗鼓大張，又見諸葛亮穩坐車中，指揮若定，不知蜀軍又在耍什麼花招，不敢輕舉妄動。司馬懿十分謹慎，開始懷疑起此次退兵乃是諸葛亮的誘敵之計，於是命令部隊後撤。姜維趁司馬懿退兵的空檔馬上指揮主力部隊，迅速安全轉移，撤回漢中。等到司馬懿得知諸葛亮確實已死，再進兵追擊，為時已晚。

警界與匪鬥智之「金蟬脫殼」篇

警方偵查犯罪，不免需要靠各界提供各種犯罪情資，有些情資是靠警方平日努力經營線民關係而來，有些則是急功好義的民眾主動提供。但主動提供情資的民眾，心態互異，動機有別，其中當然有些是希望社會治安愈來愈好，也有的是希望獲得金錢報酬——線民費，有些則是希望藉此利用警方的公權力，協助處理糾紛，但也有的動機十分惡毒，希望藉由公部門的力量剷除異己，擴展自己的不法力量，甚至是「調虎離山」，在戲弄警方。因此警方接獲相關情資時，除了必須研判情資可靠性外，也要深入追查提供情資者的背景以及背後的真正目的，才不致被有心人利用。

臺灣屬於海島國家，地狹人稠，許多民眾為了生活需要，常會往來世界各地從事國際貿易工作，加上來臺灣商旅或觀光的人士，國際機場人潮之多是可以想見的。因此常見到不法人士混水摸魚，利用人潮，夾帶非法物品入出境。由於夾帶非法物品的人士大都以跑單幫的方式做案，不容易掌握。這類案件的追查，亟需靠可靠的情資協助方能達成。

最近每隔一陣子，轄區警方總會接獲檢舉信件，這些信件全部是用電腦打字，所用字體格式大同小異，信件寄發地點則遍布大臺北地區。內容主要在提供的毒品走私犯罪情資，包括班機編號，走私乘客姓名等。警方每次依據檢舉信件，至機場通關處等候，總是能順利查獲為數不等的毒品。這批檢舉信讓警方查緝毒品績效迅速達標；信件訊息正確，顯示檢舉者應與該走私集團有相當關係。

雖然業績達標是好事，但時間一久，警方也不免好奇是怎樣的集團分子一直在提供破案線索。無奈每封信件內外均無法採獲相關指紋，加上每次投遞郵局或信箱之間並無地緣關係，難以推測寄件人背景。此時警方突生一種想法：「難道對方是想要利用警方達到某種目的嗎？」檢舉人可能不想再讓毒品繼續危害社會，所以希望警方查緝成功，但這種情況，讓檢舉人瞎貓碰上死耗子，僅成功一次就很了不起了。犯罪集團也不笨，連續幾次失手，內奸早就被查出且給清理掉。若是想要利用警方查緝毒品，剷除對手，並趁機抬高毒品價格？這也說不通，因每次查獲毒品數量僅百餘公克，實難影響市場價格。

最有可能的情況是警方中了毒品集團的「調虎離山」計——也就是說檢舉人根本就是毒品走私的幕後大老闆，其唆使小弟寄出檢舉信的目的只在轉移警方注意力，藉著提供警方部分毒品夾帶走私情資，吸引警力集中在目標旅客上，真正夾帶大量毒品者就能藉由安檢較為寬鬆的其他通道離開。警方調出這幾次被查獲的走私人士，清一色都是新手，且手法拙劣，也非集團成員，很可能全都是臨時遭人利用作為犧牲打的對象。

如果真如警方的推測，那可非同小可。為了證實推測無誤，警方調閱近幾次與遭查獲走私人士同班飛機旅客背景，及同一時間、來自同一出發地區、不同班機的乘客，發現某些人士有頻繁的入出境紀錄。進一步詳查這些人的背景，發現這些旅客並無正常工作，根本不可能籌出旅費出國旅遊，顯然非常可疑。

終於，警方又再次收到相關檢舉情資，檢舉信件一如往常的告知走私者搭乘的班機，旅客的長相等資料。但警方這回可不這容易上當。在班機抵達前數天，警方先行調閱來自同一地區，同一時段其他班機旅客名單，逐一查驗後，鎖定到幾位可疑人士。

行動日，警方使出「金蟬脫殼」一計，故意大陣仗的針對檢舉目標嚴加盯梢，實則抽調大部分便衣警力，轉向已經清查出來的其他到達的班機乘客，讓在機場接機的走私集團分子覺得警方仍舊上了當，被他們的檢舉信轉移掉注意力。終於，在同時間但不同入境的通道上，便衣警方發現兩位面容憔悴，皮膚乾燥、顯示很久沒進食飲水的旅客（外觀符合人體吞運毒的特徵），分別趨前探詢。對方一見到警察出現，非常地緊張，答話也結結巴巴，更顯可疑。警方於是將其帶往隱密場所搜身，並告知身體藏毒，若不儘速排出，將可能致命。兩位可疑人士見無法與地面的走私集團分子接頭，排毒換錢無望，最後向警方坦承充當運毒交通工具，並在警方戒護下，順利將大量毒品排出體外，重挫走私分子的銳氣。毒品走私集團的技倆，終究逃不過警方的法眼！

第二十二計　關門抓賊

計謀釋義

《三十六計．混戰計．關門抓賊》原文為：「小敵困之，〈剝〉：『不利有攸往。』」意指對弱小的敵人，要加以包圍殲滅；對垂死掙扎的敵人，就像《易經．剝卦》講的，他可能突然由弱變強，如果從後面急追猛趕，那對自己是很不利的。

「關門捉賊」按字面的意思是把門關緊，讓賊一個也跑不了——澈底消滅敵人。「關門捉賊」，不僅僅是恐怕敵人逃走，而且怕他逃走之後被其他人所利用，加強了敵人的力量，又或著是在逃跑過程中再糾集其他人，勢力反而增強。不過萬一門沒關緊，讓敵人脫逃，就不要輕易追趕，因為敵人可能稍後設下誘兵之計來埋伏；同時也要小心對方狗急跳牆——一個人只要是拼命不怕死，就可以讓一千個人害怕。所以，對弱敵必須圍而殲之，如果沒有把握圍殲，暫時放他逃走也是可以的。

古代戰例

西元八八〇年，黃巢率領起義軍攻克唐朝都城長安。唐僖宗倉皇逃到四川成都，糾集殘部，並請沙陀李克用出兵攻打黃巢的起義軍。第二年，唐軍部署已完成，出兵鳳翔。義軍將領尚讓中敵埋伏之計，被唐軍擊敗。這時，唐軍聲勢浩大，乘勝進兵。黃巢見形勢危急不宜硬拼。即決定部隊全部退出長安，往東開拔。唐朝大軍抵達長安，不見黃巢迎戰。先鋒程宗楚下令攻城，氣勢洶洶殺進長安城內，才發現黃巢的部隊已全部撤走。唐軍欣喜若狂，縱容士兵搶劫百姓財物。

唐軍見起義軍敗退，自身的紀律日漸鬆弛，成天三五成群騷擾百姓。長安城內一片混亂。唐軍將領也被勝利沖昏了頭腦，成天飲酒作樂，歡慶勝利。黃巢派人打聽到城中情況如此。當天半夜時分，便急令部隊迅速回師長安。唐軍沉浸在勝利的喜悅中，各個醉後呼呼大睡。突然起義軍以迅雷不及掩耳之勢殺進長安城內，唐軍傷亡慘重，屍橫遍地。程宗楚也在亂軍中被殺。黃巢用「關門捉賊」之計，重新占據長安。

警界與匪鬥智之「關門抓賊」篇

為了壓制毒品犯罪，依照往例，警政署或警察局固定時間總會規劃一連串的緝毒專案，且這類專案幾乎都是報請檢察官主持偵辦，如此可以取得更多搜索票，同步搜索上百個據點。大舉掃蕩，總是讓毒品人口隨時處於驚恐狀態，知所警惕。

某日，又是執行緝毒專案的時機，第一大隊聯合奉命支援的各單位人員，包括憲兵隊、派出所、分局偵查隊等人員，依照指定於警察局大禮堂集合，分組之後，每個人分到一個信封，上面有搜索地點資料，目標對象特徵等重要資訊。勤前教育後，檢察官一聲令下，在場所有任務編組的人員，全部朝各自的目標點前去查緝。當天活動，原本鎖定的多是交易的最下游，亦即零售毒品的烟毒犯，沒想到當日竟然於某一搜索地點逮獲大盤供應商，扣得高純度四號海洛因磚約五大塊，市價近六百多萬元。

相關涉案人士帶回後，立即著手進行偵訊工作。查獲這麼大批的毒品，記者也蜂擁而至，趕著採訪後發稿。各警察局雖然設有專門之記者室，也有固定的新聞發言人，準備好新聞稿讓記者參考使用，不過遇到重大案件，記者並不會只待在記者室內，而是會主動聚集到偵查隊內。實務上，通常記者知道分寸，只要不跟嫌犯接觸，影響案件偵辦，警察當下也不會驅趕記者。利用這類時機，警察會跟記者建立友誼，互相交換情報，在執法與第四權中取得平衡，相輔相成。

由於此次新聞十分重大，因此偵查隊內照往例又聚集許多記者。新聞記者之間多在互相打探消息，希望趕快取得資訊，向報社回報、發稿，完成工作。但此時，記者群內有一生面孔，也跟著向警方詢問消息。警方禮貌性詢問他其所屬單位，其屬於一個沒有知名度的地方小報。不過來者是客，偵查隊長也趁各媒體記者聚於一堂的好時機，大力宣揚警方打擊犯罪的成果。

當然記者們多會發問，從警方的回應中找尋可以寫稿的材料。只是這位生面孔的記者，提問愈來愈奇怪，比如：「嫌犯承認到什麼程度了？」「他有說供出共犯了嗎？」「他有沒供出販毒的資金從哪邊來？」「查扣的毒品有沒有遺漏的？」「差不多幾點要移送到地檢署？」

站在一旁的小隊長，愈聽這些問題愈覺得奇怪，一來這些問題並非新聞記者發稿所需要知道的資料，二來這位記者又是沒看過面的生面孔。於是小隊長假裝好意提醒該記者：「你的車號幾號，什麼顏色的，外面有台車擋到人了，不知道是不是你的？」記者敘述了自己的車子顏色與車牌後，小隊長隨即離開，假裝要再去詢問他人，實則是利用空檔，將該記者提供的車號輸入車籍資料查詢。查詢之後發現該車所有人有詐欺前科，且車輛登記者與該記者長相並不相同，令人生疑。

緊接著小隊長將當天逮捕之嫌犯資料一一輸入電腦，根據系統資料，再行調閱共同在監執行者之資料，赫然發現該記者竟為當日逮捕嫌犯之獄友。此時小隊長更加確定，該記者是冒牌貨，表面是記者，實則為毒犯的同夥，利用記者身分，膽大包天到警察局來打聽警方偵辦的進度。

了解了該記者的真面目後，小隊長決定來個「關門抓賊」。他不動聲色地召集同小隊隊友，簡單分配任務後，一人假裝至該記者前面下方茶几櫃尋找茶葉，實則趕緊將該記者之隨身包包取走，避免他取出可能藏在包包中的武器攻擊他人；其他人則同步揭穿其身分，在他面前展示刑事資訊系統所調閱列印出來的資料。該假冒記者之嫌犯頓時啞口無言，乖乖就逮。

警方事先不走漏消息，讓假記者安心的待在偵查隊內，再佈下人手來個甕中捉鱉，使得該查緝案又再楨上開花。

第二十三計　遠交近攻

計謀釋義

《三十六計．混戰計．遠交近攻》原文為：「形禁勢格，利以近取，害以遠隔，上火下澤。」意指要扭轉不利的局勢，就要試著阻止時局的發展趨勢，攻取附近的地方有利，那就去做；攻擊遠隔的地方有害，那就不要做。這符合《易經．睽卦》所說的：「火苗向上冒，池水向下流，志向不同，也可以結交」的精神。

「遠交近攻」出自《戰國策．秦策》，范雎對秦王說：「王不如遠交而近攻，得寸，則王之寸；得尺，亦王之尺也。」此舉旨在於分化敵人，瓦解敵人的結盟。具體做法是攏絡關係遠的，收拾掉關係近的。當實現軍事目標的企圖，受到地理條件的限制而難以達到時，應先攻取就近的敵人，千萬不能越過近敵去打遠離自己的敵人。「遠交」的目的，實際上是為了避免樹敵過多而採用的外交騙術。「遠交近攻」的謀略，不只是軍事上的謀略，它也可以是國家最高領導者所採取的政治戰略。大棒（威嚇）和橄欖枝（和平手段）相互配合運用，不使遠交者與自己的近鄰者結盟；鄰國則是把它消滅。

古代戰例

春秋初期，周天子的地位實際上已經架空，群雄並起，逐鹿中原，當時，鄭國與近鄰的宋國、衛國積怨很深，鄭國隨時都有被兩國夾擊滅國的危險。所以鄭國在外交上採取主動，接連與邾、魯等小國結盟，不久又與實力強大的齊國在石門簽訂盟約。後來宋、衛聯合陳、蔡兩國共同攻打鄭國，魯國竟也派兵助攻，將鄭國東門圍困了五天五夜。雖然最後並未攻下，但鄭國深感自己與魯國的關係還存在問題，便千方百計想與魯國重新修好，以便共同對付宋、衛。

沒多久，鄭國以幫邾國雪恥為名，攻打宋國。同時向魯國積極發動外交攻勢，主動派使臣到魯國修補裂痕，果然，魯國與鄭國重修舊誼。而當齊國出面調停鄭國和宋國的戰爭時，鄭莊公同意齊國的意見，這讓齊國很有面子，對鄭國的好感油然而生。沒多久，鄭莊公以宋國不朝拜周天子為由，代周天子發令攻打宋國。鄭國因為前面已經做足外交手段，使得齊、魯願意派兵援助，三國大軍很快地攻占了宋國大片土地。鄭莊公更把占領宋國的土地全部送與齊、魯兩國，取得後來二國的大力支持。鄭莊公在此混亂局勢下，巧妙地運用「遠交近攻」的策略，取得了當時稱霸的地位。

警界與匪鬥智之「遠交近攻」篇

阿里在犯罪集團中屬於「頭腦組」——動腦不動手的成員，也就是擅長出策略，找法律漏洞，觀察時事氛圍，知道哪邊有錢可以賺的謀略型人物，而這類人物通常都隱身幕後。實際從事犯罪行為的都是手下的小弟，出的勞力少，但卻分到最大犯罪所得。阿里所屬的集團，什麼壞事都做，但主要仍在做「放款」，也就是俗稱的高利貸，對於需錢孔急的人，趁機再剝一層皮。由於放高利貸這個工作的特殊性，阿里接觸的除了一般手頭緊的生意人外，不少從事非法工作的人，有時也需要向阿里調度現金。

鄉下地方，賽鴿是一門大學問，也是一個獎金豐厚的賭博行業，為了贏得賽鴿彩金，參與者無不卯足全力，為的就是高額的獎金。阿里因為放款而接觸了從事賽鴿的人士，他發現從事賽鴿的人，每個人有自己的專長和負責項目——有的專門飼養賽鴿，有的專門提供金援，有的則是到處插花賭博圖分紅利。賽鴿表面上最吸引人的是公開彩金，但其實插花或是「暗組」——地下賭盤下注和抽佣的金額更是龐大。每季賽事完畢，若賽程順利結束，賽鴿總彩金可能高達數億元，冠軍鴿主也常獲得近千萬的派彩。

某次比賽完畢，派彩結果，鴿主阿雄的鴿子獲得冠軍，阿雄獲得將近八九百萬的獎金。沒想到被阿里盯上，決定狠狠敲詐阿雄一筆。當然阿里仍是隱身幕後，他找上幾位道上兄弟，晚上時假意請阿雄去喝酒。結果酒喝完，阿雄就被軟禁，直接被戴往人煙稀少的山區去。阿里再找幾位逃逸外勞協助看管，並要阿雄寫信回家，藉說因為需要大筆金錢到大陸尋找新賽鴿，請家人利用地下匯兌，匯款新臺幣五百萬元到大陸某指定的帳戶去。這些阿里叫阿雄編的藉口與利用地下匯兌的手段，都是為逃避警方的追緝。

經家屬報案後，警方當下研判這就是綁架。但為顧及人質的安全，警方也不敢有太大動作，只能先透過調閱嫌犯手機基地台封包與分析其開車的行車軌跡方式，大致推知從事綁架行動嫌犯的身分，對於這些嫌犯同步展開監控。後來在跟蹤其中一名嫌犯的過程中，順利查知阿雄的下落，並趁其運送飲食等補給品至山區看管人質處所時，一舉攻堅，救出人質，也同步逮捕其他嫌犯。

相關嫌犯到案後，都對於犯行坦承不諱，只是一直不肯供出幕後藏鏡人。警方當然知道是阿里在幕後策畫，但是苦無證據，也暫時拿阿里沒辦法。因此警方決定採用「遠交近攻」一計，先「遠交」——將犯案的嫌犯移送，並同步對外發布新聞：「歷經一個月辛苦偵辦，警方於日前順利攻堅，救出人質，並順利緝獲全部嫌犯。」利用此一新聞稿試圖鬆懈主嫌阿里的心防，讓他以為警方不會再追查此事。同時也假意請阿里協助釐清賽鴿圈的生態，並在言談間大大感謝他的協助。阿里一心以為案件已結，加上自己是警方重要情資的來源，料想應該不會因此案引火上身，所以完全鬆懈了戒備。歌照唱，舞照跳，頻繁的出入聲色場所，毫無顧慮，一擲千金也不思避人耳目。

同時間，因為直接犯案的嫌犯全部遭到羈押，警方得以順利至看守所密集借訊嫌犯。為了讓嫌犯供出幕後主嫌，借訊時，警方「近攻」——加大對嫌犯的偵訊力道，增加他們的心理壓力，像一再用「若不配合可能建議檢查官以較高之刑度起訴」，使得嫌犯們各個人人自危。還三不五時透露阿里在外面，日子過得有多舒服、多逍遙。借訊的嫌犯們想到自己在監所日子這麼辛苦，而真正指使他們犯罪的人不思營救就算了，還在牢外爽爽過日，太沒江湖道義。心裡感到很不是滋味，在不平衡的憤恨情緒下，一不做二不休，便供出真正幕後主使者阿里，這些指控也都順利做成了指證筆錄。㉒

警方隨後拿著這些指證筆錄，連同其他相關證據，火速向檢察官申請拘票，將阿里拘提到案；阿里被捕時還驚嚇莫名，完全沒想到自己會落到這般田地。全案至此宣告完全偵破。

偵查小知識

㉒根據《刑事訴訟法》規定，警察於製作證人指證筆錄時，應注意事項如下：（一）應告知證人有到場作證之義務；證人或與其有密切利害關係之人因到場作證有生命、身體、自由或財產有遭受危害之虞時，得依《證人保護法》聲請保護；（二）《證人保護法》規定之證人，係指其指證之案件為《證人保護法》第二條之刑事案件或檢肅流氓案件，且願意在檢察官偵查中或法院審理中到場作證，陳述自己見聞之犯罪或流氓事證，並依法接受對質及詰問者；（三）檢舉人、告發人、告訴人或被害人須在檢察官偵查中或法院審理中到場作證，有保護必要者，準用《證人保護法》規定辦理；無須到場作證者，應依《警察機關獎勵民眾提供犯罪線索協助破案實施要點》規定辦理；（四）證人有依《證人保護法》規定施以保護之必要者，應請證人書立切結書，並向檢察官聲請核發證人保護書。但時間急迫者，得先採取必要之保護措施，並於七日內將所採保護措施陳報檢察官。

第二十四計　假道伐虢

計謀釋義

《三十六計．混戰計．假道伐虢》原文為：「兩大之間，敵脅以從，我假以勢，困，有言不信。」意指處於兩個強大敵人中間的國家，敵人脅迫它時，我方要假裝援救它，其實目的是要出兵占領它。這符合《易經．困卦》所說的：「對處在困迫狀況下的國家，光空談而沒有行動，不會被他信任」的精神。

「假道伐虢」計名出自《左傳》所記晉國意圖吞併虞國和虢國的史實——晉國借道虢國攻下虞國，回程再順便把虢國給打下來。它的中心思想是：捏造令對方鬆解的我方調遣部隊的理由，實則是要出兵攻打他。以處於夾縫中的小國為例，一方面我方可以用武力威逼他，一方面再用我方必不侵犯他的說法來誘騙它，等他心存僥倖之時，立即把力量滲透進去，控制他。如此，不需要打什麼大仗就可以將他消滅。此計的關鍵在於

「假道」。善於尋找「假道」的藉口，善於隱蔽「假道」的真正意圖，友善的假道一變成為進兵的路線，往往可以取勝。

古代戰例

東周初期，楚國在楚文王主持之下，勢力日益強大，漢江以東小國，紛紛向楚國稱臣納貢。當時有個小國叫蔡國，仗著和楚國聯姻，認為在楚國宮廷裡有個靠山，就不買楚國的帳。而蔡侯、息侯都是娶陳國貴族女子，所以蔡國和息國關係很好，也經常往來。可是有回息候的夫人路過蔡國，蔡侯沒有以上賓之禮款待，氣得息侯夫人回國之後大罵蔡侯，息侯因此對蔡侯產生不滿。楚文王知情後認為滅蔡時機已到。他派人與息侯聯繫，息侯既想借刀滅掉蔡國，便向楚文王獻上一計：「讓楚國假意處罰息國，他再向蔡侯求教，蔡侯肯定會發兵救援。這時楚、息再合兵攻蔡，蔡國必敗。」

楚文王一聽，立即調兵假意攻息。蔡侯得到息國要求增援的請求，馬上發兵救援。可是兵到息國城下，息侯竟緊關城門，蔡侯急欲退兵，楚軍卻已借道息國，把蔡侯圍困起來。蔡侯被俘之後，對楚文王說：「息侯的夫人息嬀是一個絕代佳人。」好色的楚文王便以巡視為名率兵到了息國都城。宴會上楚文王趁著酒興要息侯讓夫人息嬀出來向楚文王敬酒，一看果然驚為天人。第二天，楚文王舉行答謝宴會，但會外早已設下伏兵，利用息侯的信任和鬆懈，將息侯綁架，輕而易舉地先滅蔡國，後滅息國。

警界與匪鬥智之「假道伐虢」篇

盜墓向來是中南部許多民眾心中的痛，中南部地方，因為風俗關係，先人過逝，習慣土葬，且墳墓內通常有許多金飾陪葬。盜墓賊抓準一般人不可能天天去先人墳前走動的心理，選定目標後，往往肆無忌憚地破壞墓地，竊取財物；先人遭辱，受害人無不氣到咬牙切齒。

盜墓嫌犯通常具有殯葬工作背景，了解墳墓新舊、墓主人家族富有程度、棺木厚度等資訊，並可精確地算準地下往生者頸部與手部等佩戴金飾之位置，掘墳破棺，得手後再用草皮覆蓋犯罪現場，由於被破壞的墳墓一時半刻看不出異樣，往往失去報案先機，也讓盜墓賊消遙法外。等到遭盜的墳墓，因大雨造成墳頭塌陷，泥水灌入棺內，造成內部積水，已經造成很大的破壞；等到後來撿骨，發現先人泡在水中，甚至屍首難以腐化的情況，事後想要補救也相當困難。

經警方歸納，發現清明節前後是盜墓案的犯案高峰期，大概是因為清明節，較多人到墓園走動，嫌犯即利用白天，偽裝成修墓工人，先到墓園勘查地形，再於夜間犯案。某年，受盜墳墓太多，地方民怨沸騰，警方由現場所留下的鞋印研判，這些盜墓案應是一組約三至四人左右的盜墳集團所為。他們鑿開墳墓後，使用木頭鑽頭或是電鋸，鋸開往生者頭部附近棺木，伸手入內掏取完財物後再回填土石，蓋上草皮，掩人耳目。

由於現場並無太多跡證，墓園更不可能設有監視器提供線索，偵辦上遇到瓶頸。警方研判此類金飾銷贓，應該是透過當舖或銀樓脫手。多次查訪後，發現近來常有一批人持續到轄內銀樓典當金飾，頗為可疑。警方通知嫌犯到案說明，嫌犯總是聲稱該批金飾是其過世親人所遺留。

這類案件因為可供追查的地方不多，須要長期抗戰。因為這些盜墓嫌犯通常也有吸食毒品之傾向，警方除了持續調閱案發當時，嫌犯可能行經的其他路口監視影像外，也決定來個「假道伐虢」——假意要對嫌犯進行尿液檢驗為藉口，多次要求嫌犯到警局，利用跟嫌犯閒聊的機會，給予壓力，看能不能套出什麼與盜墓犯行有關的情資。

驗尿期間，承辦員警不斷對嫌犯說：

最近過得如何？怎麼愈看你臉色愈來愈奇怪，而且你的臉色跟一般人生病臉色發黃發黑的情況不太一樣，總是青青的，是不是做了壞事，被另一個世界的好兄弟給跟上了？

小隊長又「恰巧」進來，劈頭就大叫：

哇！你不要靠近我這邊，我吃素，對靈界的力量很敏感的，你後面怎麼跟著一位老太太，用很哀怨的眼神看著你，而且她脖子看起來好像快斷了。

剛好最近轄區內員警又處理過該嫌犯太太無故在駕車時載著小孩衝下山坡的意外，幸而只是輕傷。所以小隊長再打蛇隨棍上：

你是不是還有做其他傷天害理的事情？不然怎麼你太太好好的，開車會衝下山？靈界的朋友跟我說，這只要給你一個警告，所以沒讓你太太及你小孩死哦，還有你精神看起來超差的，我建議你有空還是去廟裡面走一走，多吸收一點陽氣及正氣，不然可能會無緣無故隨時就死掉。前一陣子聽說你爸爸過世了，我看那麼健康的老人家，怎麼突然說走就走？我們同事去處理完回來都說健健康康的人，說走就走，太讓人意外了！

由於嫌犯長期吸毒，精神恍惚，幾個月下來，生活也很不如意，開始疑神疑鬼，將生活中一切意外事故，都歸因是靈界好兄弟的報復。加上做了虧心事，晚上都睡不好。長期惡性循環下來，集團中終於有一名嫌犯受不了，主動向警察表示：「每天晚上只要睡著，就是遇到許多靈界的朋友跟他要錢；出來混，欠別人的，早晚還是要還。」接著他就因此主動供出半年多來作案的地點，銷贓的管道以及同夥個資。最後警方以此線索，查贓抓人，並以長期調閱的監視器與行車影像檔等資料為佐證，順利偵破此案。

第五卷

並戰計

第二十五計　偷樑換柱

計謀釋義

《三十六計．並戰計．偷樑換柱》原文為：「頻更其陣，抽其勁旅，待其自敗，而後乘之，曳其輪也。」意指多次變動敵人的陣容，把他的主要戰力調開，等待他自己呈現敗陣之兆，再來趁機攻擊他，這樣做符合《易經．既濟卦》所說的：「先拖住敵人，然後再取代他」的精神。

「偷樑換柱」的中心思想指：用偷換的辦法，暗中變更事物的本質和內容，以達蒙混欺騙的目的，如此可以達到不斷調動敵人，使敵人疲於奔命的效果。不過從軍事謀略上去理解本計，重點也可以放在對敵軍「頻更其陣」上，也就是多次佯攻，促使敵人變換陣容，待敵人疲累時，再伺機攻其弱點。「偷樑換柱」在軍事上，聯合友軍對敵作戰時，也可以應用在友軍身上：譬如反覆變動友軍陣線，藉以調換、疲憊友軍的兵力，等待友軍有機可乘、一敗塗地之時，就將其全部控制，納為我軍，又或者以友軍為誘餌，吸引敵軍上門。由於「偷樑換柱」包含太多爾虞我詐、趁機控制別人的權術，也往往用於政治謀略和外交謀略之中。

古代戰例

楚漢相爭，劉邦大勝，建立漢朝。此時，各異姓王擁兵自重，對劉氏天下造成威脅。所以翦滅異姓諸王，是劉邦日夜考慮的大事。異姓諸王中，韓信勢力最大。劉邦先藉口韓信袒護叛將，把他由楚王貶為淮陰侯，並調到京城居住，實際卻是方便監視，也是軟禁他。韓信輔佐劉邦奪得天下，而今卻落得這樣的下場，心中自然怨恨至極。劉邦後來派陳烯為代相，統率邊兵，對付匈奴。韓信私下找了個機會見了陳烯一面，以自己的遭遇為例，警告陳烯。後來兩人為免最後遭到劉邦鏟除，祕密地商量要伺機起事。

沒多久陳烯在代郡反漢，自立為代王。韓信與陳烯約定，起事後他在京城詐稱奉劉邦密詔，襲擊呂后及太子，在中央及地方兩面夾擊劉邦。可是，韓信的計謀早被呂后得知，呂后與丞相陳平設下一計。呂后派人在京城散布：「陳烯已死，皇上得勝，即將凱旋。」韓信聽到這個消息，又沒有見到陳烯派人來聯繫，心中甚為恐慌。為了要消除劉邦的懷疑，只好故作鎮定的應召進宮。卻被呂后逮捕殺死。蓋世英雄韓信至死也不知道，「陳烯已死」的消息完全是用來調動他、卸除他戒心的假話。陳烯的叛亂，是在韓信死後兩年才平定的。

警界與匪鬥智之「偷樑換柱」篇

當鋪業是中國古老行業之一，從古到今提供民眾動產質借的需求，民眾若一時手頭緊，可以持有價的東西到當鋪借錢周轉，以度過難關。當鋪業良窳影響民眾的資金調度，並與地下金融活動興盛與否有直接關係，因此在我國屬於特許行業，執照數量依據縣市人口比例限量核發，日常管理則由內政部警政署負責相關營運內容的審核與管制，以免當鋪業掛羊頭賣狗肉，從事非法的行為，例如高利貸、收受贓物等。

多數當鋪業者多能遵守政府規定，從事合法動產質借之業務，但部分人士則是以當鋪作為掩護，實則從事暴力討債或是高利貸等非法勾當。轄區近來偶有無辜民眾家中遭到噴漆、寫上不雅或是詛咒字眼，造成當事人內心恐慌；亦有民眾收到子女上出入校門口之照片，或是門口停放車輛遭洩氣等破壞行為，恐嚇取財或是討債意圖十分明顯。經警方實地查訪後，發現遇到這些事件的當事人，家族中均有人與轄區內特定當鋪有金錢借貸關係，後來因為無法正常償還本金與利息，業者為逼使當事人還錢，故轉而以各種方式向債務人及其家族逼債，讓無端受牽連的家族成員困擾不已。

更有甚者，業者除了騷擾債務人及其親友外，甚至轉而向債務人公司同事、同社區住戶下手，目的在於藉尤其他周遭人士不堪騷擾而造成債務人更大壓力。轄區警方認為此風不可長，但也了解到此類案件，施暴的業者有相當警覺心，以傷害、毀損、恐嚇甚至重利罪等方式移送後，因實際搜證困難，難以定罪；另外若因此定罪，也因為法院多判處易科罰金等罪責，對於本輕利重的高利貸業者而言，幾乎沒有任何嚇阻力。

但業者的行為，已嚴重影響到債務人及身邊相關人士正常生活，警方若不再採取任何作為，恐將引起民怨。經查訪多位債務人後，他們多數認為欠債還錢，自己本來就站不住腳，加上不相信警方的辦案能力，擔心問題沒解決，還引來業者的報復行為，所以多不願配合。雖然警方一再說明業者放款利息已經超過法定利率二十％標準，屬違法行為，且討債就是要走民事途徑，不能有暴力討債的行為，但一時間仍難以說服債務人們下定決心提告。㉓

眼見在債務人方面難以施力，警方轉而針對被騷擾的左鄰右舍下手，逐一說服當事人製做筆錄，對可能人士提起告訴。警方也表現十足辦案動力，如逐一查訪附近人士、調閱監視器、辨識車牌，若發現有力跡證，立即移送；同時間亦聯繫派出所警勤區同仁，針對遭到騷擾人士多予以關心，若仍有民眾擔心提告後會被報復，則視情況在其住家附近暫時設置巡邏箱，提高見警率，讓民眾深刻感受到警方的等動力。處理完幾件相關案件後，業者發現已遭警方盯上，也不敢太過囂張，態度逐漸收斂。

但警方花費大量人力物力進行偵辦，怎可能僅因業者略有收斂而滿足？偵查隊長在採取前述措施之前，早就安排好後續作為。首先，先強力偵辦這些案件所引起的討債破壞行為，例如毀損、恐嚇等，一來安定民心，二來利用偵訊業者手下小弟時，有意無意表示：

> 有福老闆享，有過小弟擔，你看你老闆開名車，女朋友一堆，你只能領薪水過活，而且老闆一定有跟你說這些行為不會受到法律制裁，但你看你已經被抓來了。你老闆根本在騙人。

此計實即「偷樑換柱」——鬆動討債集團的相互信基礎。討債小弟逐漸會對老闆產生懷疑心理，認為老闆最後可能棄其於不顧，這是警方預留作為偵辦組織犯罪之伏筆。

接下來，警方安定民心後，債務人亦開始相信警方真的會採取強勢作為，保護民眾，便願意出面指控業者有暴力討債、逼簽本票、強加放款成本等非法行為。只要找到三位以上債務人願意出面指控，就能將業者提報為「治平對象」，以組織犯罪條例進行究責。

最後在蒐集這些債務人指證筆錄、先前偵辦各項毀損、恐嚇等案件證據，加上通信監察所得資料，證明該組織有上對下管理關係，且以暴力討債為宗旨，即可檢肅相關人等到案，並可利用第一步中預留之伏筆，鼓勵到案小弟自新，指證自己老闆的不法事證，完備業者組織犯罪之基本要件。

果然該案後來之發展均與警方預先推估之情況相當，最後順利將該業者提報為治平對象，接受法律的制裁。

偵查小知識

㉓根據《當鋪業法》第十一條規定，年利率不得超過三十％。而依照〈最高法院二十七年上字第五二〇號判例〉對重利罪的定義，所謂「乘他人急迫、輕率或無經驗」貸以金錢或其他物品，是指若明知他人須借貸解決其急迫情況，以及他人因為輕率或無經驗而借貸之情形，利用此一機會訂定苛刻的借貸條件。另根據該判例對重利罪的定義，所謂取得「與原本顯不相當之重利」，是指就借貸利率、時間核算，並參酌當地的經濟情況，與一般債務之利息相比較，顯然特殊超額的情況。統計台北地院一〇二年間判決標準，民間利息通常為月息二、三分（即月利率二％、三％）尚不至於被認定為重利，但超過此標準，則有重利之虞。

第二十六計　指桑罵槐

計謀釋義

《三十六計・並戰計・指桑罵槐》原文為：「大凌小者，警以誘之。剛中而應，行險而順。」意指強大者要懾服弱小者，得用警告的方法來誘使他做出我要他做的事。這樣做符合《易經・師卦》所說的：「適當的強硬，可以得到擁護；施用險詐，別人才會服從你」的精神。

「指桑罵槐」字面上的意思是指著桑樹罵槐樹。此計的比喻意義應從兩方面來加以理解。一是要運用各種政治和外交謀略，「指桑」而「罵槐」，施加壓力配合軍事行動，對付敵人甲，卻讓敵人乙感到害怕——在某種程度上即「殺雞儆猴」；對於弱小的對手，用警告和利誘的方法，自然不戰而勝。對於比較強大的對手也可以旁敲側擊、借力使力地威懾他。軍事上，若是對付敵人，可以利用威嚇的方式使敵人做出我希望他做的事。對付友軍，如帶領自己的部隊去打仗，卻又調動不了他們，可以故意製造些圈套，讓某些人犯錯，然後嚴格的究責，藉此警告其他不服自己指揮的人——「殺一儆百」。

古代戰例

春秋時期，齊景公任命田穰苴為將，帶兵攻打晉、燕聯軍，又派寵臣莊賈作監軍。穰苴與莊賈約定，第二天中午在營門集合。第二天，穰苴早早到了營中，命令裝好作為計時器的標杆和滴漏盤。約定時間一到，穰苴就到軍營宣布軍令，整頓部隊，可是莊賈卻遲遲不到，穰苴幾次派人催促，直到黃昏時分，莊賈才帶著醉意到達營門。穰苴問他為何不按時到軍營來，莊賈只說：「親戚朋友都來為我設宴餞行，我因為應酬，所以遲到。」穰苴非常氣憤，但莊賈仗著自己是齊景公的寵臣，對穰苴的指責全不放在心上。

穰苴當著全軍將士叫來軍法官問：「無故誤了時間，按照軍法應當如何處理？」軍法官答道：「該斬！」穰苴即命拿下莊賈斬首示眾。景公得知，趕緊派使臣飛馬闖入軍營，拿景公的命令叫穰苴放了莊賈。穰苴見來人驕狂，便又叫來軍法官問：「在軍營中跑馬，按軍法應當如何處理？」軍法官答道：「該斬。」來使嚇得面如土色。穰苴不慌不忙地說道：「君王派來的使者，可以不殺。」於是下令殺了他的隨從和車駕的左驂，並砍斷馬車左邊的木柱，再讓使者回去報告。將士們看到穰苴軍紀嚴明，是玩真格的，於是在戰場上奮勇殺敵，打死不退，果然打了不少勝仗。

警界與匪鬥智之「指桑罵槐」篇

刑事偵查工作，在每月、每季、每年都有不同的績效評比，有時還會因社會治安狀況變遷，工作重心改變，因而產生各種專案勤務與績效評比，比如查賄、肅槍、掃毒等，一般業務與專案相加，工作量極為繁重。雖然多數警察非常努力的想達成上級所交辦的任務，但總不能盡人意。就算上級給與加倍的支援人力，有時還是無法達標。

業務量既有大月小月之分，有冷清，也會有突然爆量，偵查隊像市場那般人犯多如潮水的盛況。在這種情況下，辦公室鬧哄哄的，偵查佐光是補訊問筆錄，繕打移送書已經忙得不可開交，當然也就沒有多餘的精神可以慢慢地去分析案件，或是想到更妥當的破案計策。同時間湧進大量類似的案件，警方為求加快處理，就常使用「指桑罵槐」

計策。

當天轄區派出所接獲通報，轄內旅館內疑似有性交易情況，雖然社會各界對於此類案件褒貶不一，甚至有認為警方以優勢警力查緝此種案件，似乎大砲打小鳥，不合乎比例原則。㉔但站在警方立場，民眾報案，依規定必須查緝，而且這也屬於犯罪預防工作的一環；在犯罪零容忍政策下，取締色情交易，能在一定程度上避免因性交易而衍生出如吸食毒品或利用毒品控制賣淫女子等問題。

按往常作法，警方在不影響大局的情況下，查緝性交易時，儘量不要在雙方辦事時衝進去，一來避免當事人的反彈——花了錢沒享受到，二來也能避免當事人惱羞成怒，節外生枝。本次查緝，雙方均不承認性交易，又僅有情況證據，於是警方先請雙方當事人返局接受進一步調查。同時間，另一偵查小隊正為一宗肇事逃逸案件焦頭爛額。該宗肇事逃逸案是汽車與行人擦撞所衍生的過失致死案件，行人遭擦撞後跌倒，頭部再撞擊旁邊橋墩突出部分，正中太陽穴以致送醫後回天乏術。事發地點在郊外，附近沒有監視器，警方只能推算發生時間，擴大調閱附近監視器，花了兩個星期的時間，找到一台極為可疑的肇事車輛。

雖然根據死者手部擦傷痕跡與撞擊力道研判，肇事者當下對於撞擊應該知情。但因事隔兩個星期，當時又是夏天，每天下午均有強烈雷陣雨發生，車上相關跡證可能大部分已遭沖刷殆盡，所以警方並無充分把握可以採獲足資證明車主肇事的證據，只能等待肇事者主動承認而已。但該案疑似肇事者到案後，言詞閃爍，不過依其供詞內容，警方研判偵查方向正確，只是肇事者暫時不願意承認而已。於是能依規定請鑑識人員到場，在車主見證下，針對可疑部位進行採證。

同時間另一組偵辦性交易案件的人員，也因當事人不願意承認而苦惱。警方請鑑識人員到場，以多波域光源蒐集床上精液、雙方體毛、衛生紙等具體跡證。該對男女一開始仍不願意承認，警方只好拿出現場蒐證照片以及採集到的證據，開始怒斥該對男女：

現在警方都科學辦案，怎麼還會冤枉人？事情做了不敢承認，沒被抓到是你的本事，現在被我抓到那就是你的命，鑑識的證據在眼前，都已經這麼清楚了還不承認？

你不懂我是什麼意思？那我就好好解釋給你聽，我看你是聰明人，我才願意講的，其他人我才懶得理。凡走過必留痕跡，這個設備叫做多波域光源，警方最新的辦案科技，李昌鈺博士也是用這套設備，我們早就跟國外同步了，你還以為警方隨便亂來嗎？床上有精液，兩個人身上有過摩擦痕跡，只要有接觸過，纖維什麼的全都會留下來。只要這些神奇的光源照一下，看得一清二楚。你們剛剛二個就是在性交易，所以你看，用燈照床尾的床單，螢光反應就是那麼明顯。不要以為只有床單才能用，泥土痕、擦抹痕、撞擊痕、咬痕、凹痕等，也是看得非常清楚，車禍、性侵害、傷害等案件，證物就算清洗過，肉眼看不到，在這項科技下也是無所遁形。

警察辦案，早就脫離以前屈打成招的方式，就只有你們還傻傻地不懂，以為只要不承認，警察又不敢用刑，案件就辦不下去了。我看你們最好不要承認，我們直接把如山的鐵證送到法官或檢察官那邊去，看他們會不會不高興，把你判得更重。

警方斥責該對男女的話，聲音大到另在隔壁桌做筆錄的疑似肇事者都聽得一清二楚。事實上，這些話就是故意要講給肇事逃逸者聽的。因為性交易案件，通常多用社會秩序維護法裁處，只有行政罰，警方自己就可以裁罰後結案，不必移送也不必關押。

果然大聲斥責之後，該對男女主動跟警方表示願意坦白事情經過，警方再藉故大聲回應：

這樣做才正確！知錯能改是對的，下次不要再犯就好。好好去工作賺錢，交個女朋友，這樣不就好了？不要像我們這裡還有些人，犯錯不敢承認，還一直撐著，以為警方拿他沒皮條。

這些話當然也是被肇事者聽得一清二楚，加上看到警方先前採證時展示的專業配備與仔細蒐證的模樣，肇事者心想就算死不承認，在這些高科技面前，自己的犯行也無所遁形。幾經思量，就決定主動跟警方坦承當天肇事逃逸的經過。

由於肇事者已承認當晚確實撞擊到被害人，警方除了告知必須做筆錄函送檢方偵辦外，也建議他儘速找保險公司出面協助商談賠償事宜，將雙方的傷害降到最低。此次警方運用「指桑罵槐」，順利兩案同破！

偵查小知識

㉔根據規定，分駐、派出所或勤務單位受理報案或發現犯罪，不論其為特殊、重大或普通刑案，均應立即通報分局及各有關單位處理，並製作筆錄。而分局受理或接獲分駐、派出所或其他單位轉報發生之刑案，除迅速通知偵查隊偵辦外，均應立即報告主管，並轉報警察局勤務指揮中心列管。而警察局受理或接獲分局轉報發生之刑案，除列管督導或主持偵辦外，其係特殊刑案、重大刑案及普通刑案中牽連廣泛之案件，應即報告內政部警政署刑事警察局偵防犯罪指揮中心列管處理。由於層層管制，因此警方接獲報案，必須在第一時間前往處理。

第二十七計　假痴不癲

計謀釋義

《三十六計．並戰計．假痴不癲》原文為：「寧偽作不知不為，不偽作假知妄為，靜不露機，雲雷屯也。」意指寧可裝作不知道而不行動，不可裝作知道而輕舉妄動。要沉著，不要洩露一點機密，就像迅猛激烈的雲雷在冬季藏入地下那般的平靜。這符合《易經．屯卦》所說的：「大智大勇之人深藏不露，如同雲中屯雷」的精神。

「假癡不癲」字面上的意思即表面裝作一無所知，實則早已布置妥當。此計運用軍事上，指有時為了以退求進，必得假癡不癲，讓對方鬆懈，以達到後發制人的效果。這就如同雲勢壓住雷動而不露機巧一樣。一旦由昏庸轉為聰明，所爆發的攻擊，必須一擊必勝。「假癡不癲」，重點在一個「假」字。裝聾作啞、老人癡呆，但其實內心是清醒。因為癡呆，所以敵人不放在眼裡；因為癡呆，所以可以暫時不處理枝微末節的事，私底下其實卻是很專心地在準備對付敵人。

古代戰例

三國時期，魏國的魏明帝去世，繼位的曹芳年僅八歲，朝政由太尉司馬懿和大將軍曹爽共同執掌，曹爽是宗親貴胄，十分拔扈，不願讓異姓的司馬氏分享權力。他用明升暗降的手段剝奪了司馬懿的兵權。司馬懿立過赫赫戰功，但他看到曹爽現在勢力強大，一時恐怕鬥他不過，於是稱病不再上朝。一次，曹爽派親信李勝去司馬家探聽虛實。其實，司馬懿看破曹爽的心事，早有準備，李勝被引到司馬懿的臥室，只見司馬懿病容滿面，頭髮散亂，躺在床上，由兩名侍女服侍。

李勝說：「好久沒來拜望，不知您病得這麼嚴重。現在我被命為荊州刺史，特來向您辭行。」司馬懿假裝聽錯了，說道：「並州是近境要地，一定要抓好防務。」李勝忙說：「是荊州，不是並州。」司馬懿還是裝作聽不明白。這時，兩個侍女給他餵藥，他吞得很艱難，湯水還從口中流出。李勝回去向曹爽作了彙報，曹爽喜不自勝，說道：「只要這老頭一死，我就沒有什麼好擔心的了。」

過不久，天子曹芳要去濟陽城北掃墓。曹爽帶著他的三個兄弟和親信等護駕出行。司馬懿聽到這個消息，認為時機已到。馬上調集家將，召集過去的部下，迅速占據了曹氏兵營，然後進宮威逼太后，歷數曹爽罪過，要求廢黜這個奸賊。等到曹爽聞訊回城，大勢已去。司馬懿以篡逆的罪名，誅殺曹爽一家，終於獨攬大權。

警界與匪鬥智之「假痴不癲」篇

連結南投縣與臺中市的快速道路下方，某日發現兩具遭人近距離射殺的屍體。由犯罪現場來看，嫌犯槍法準確，手法俐落，似乎是一場精心設計的處決式殺人案。初步清查發現，兩位死者均有多項毒品前科，故全案朝向毒品交易糾紛偵辦。警方清查死者交往對象，發現兩人共同熟識的王姓人士可能是該案重要關係人，研判應該是王男居中牽線兩位死者進行毒品交易，王男陪同前往，但想要黑吃黑，故射殺兩人後，奪取交易之毒品及鉅款後逃逸。不過現場缺乏直接證據，就算懷疑，警方也不敢有太大動作，以免王男竄逃。

沒想到就在警方一籌莫展時，王男竟主動向警方表示要提供破案線索給警方參考，實則此舉是在故佈疑陣，誤導警方偵辦方向。當下嫌犯自以為天衣無縫，警則決定乾脆配合嫌犯演出，鬆懈嫌犯心防，看看他會不會自己露出馬腳。當天專案小組成員熱情接待王男，感謝其提供重要線索，在會談結束後，還送王男走出警察局。其實警方是要藉機觀察王男所使用的交通工具。果然發現其所使用的車輛，曾於案發前出現在現場附近超商的監視畫面中，此時警方更加確定王男與此案脫不了干係。

同時間，因為被害者家屬透過民意代表向警方施壓，並召開記者會，痛批警方無能。但其實警方已經掌握如上要點。可是在第一時間出面回應，又不能洩漏細節，於是只好由發言人親上火線說明：

針對該案，警方日以繼夜偵辦，唯目前尚無法鎖定特地嫌犯，現場除了彈殼之外，並未發現其他跡證，且案發時為深夜，該處照明不佳，又無監視器，偵辦有一定難度，目前已協請刑事局相關單位全力支援中……根據現場狀況研判，現場共射擊五槍，槍法精準，不排除是對岸退役的解放軍人員，來台後以大圈仔身分犯案，並已於犯案後出境。後續將調閱桃園機場相關出入境資料進一步釐清……第一時間原本懷疑王姓男子涉案，後經王男出現說明，配合警方調查，已經排除其涉案可能性，且目前針對王男提供之線索，另起爐灶偵辦，相信能於短時間內順利破案。

警方「假痴不癲」，假裝搞錯偵辦方向，並透過新聞媒體放出假消息。王男所得知後，自以為成功騙過警方。實則警方已暗中部屬跟監，先了解其生活作息，再透過通信紀錄分析，取得其慣用的電話機號及號碼，同步中請通信監察，也掌握到與其有深入交情之女友，在電話監聽中明白聽到王男向其女友表示最近做生意收入頗豐，已有相當經濟基礎，很快的就可以結婚共創未來。

由於王男居無定所，多以汽車旅館為家，警方蒐證完成，決定將其拘提到案。但又顧慮到，若到汽車旅館攻堅，可能引發槍戰，傷及無辜。所以警方再以協助辦案的理由，請王男到案提供其他資料，順便測試王男是否已經產生戒心。沒想到王男此時仍不疑有他，依約到偵查隊報到。警方再以協助其移車的藉口，進入其車內搜索到少量毒品與吸食器，馬上以吸毒現行犯加以逮捕。

王男此時臉色大變，才發現自己已落入警方陷阱，警方隨後策動其女友出面勸說，並一一提示蒐集到的各項證據，王男見無法抵賴，遂配合警方前往槍枝藏匿處所，起獲兇槍等關鍵證物，全案遂告順利偵破。

第二十八計　上屋抽梯

計謀釋義

《三十六計・並戰計・上屋抽梯》原文為：「假之以便，唆之使前，斷其援應，陷之死地，遇毒，位不當也。」意指故意露出破綻，引誘敵人深入我方，然後選擇有利時機，斷絕敵人的前應和後援，使它完全處於死地。敵人這樣的下場就像《易經・噬卦》說的：「搶吃臘肉的嗑掉了牙，只能怪自己的行為不當。」

「上屋抽梯」典故出自《三國志・諸葛亮列傳》中劉琦逼諸葛亮獻計的智謀（詳下）。它的中心思想是：利誘敵人進入進退維谷、孤立無援的處境。此計是說敵入受我唆使，貪食搶吃而受騙，陷於死地。怎麼唆使？就是用利益去引誘敵人。如果敵人不肯輕易上鈎，不妨給敵人先開個方便之門，給敵人安放一個梯子。既不能使他猜疑，也要能讓敵人清楚的看到梯子。只要敵人爬上了梯子，就不怕他不進己方事先設置的圈套。

古代戰例

後漢末年，劉表偏愛少子劉琦，不喜歡長子劉琮。劉琮的後母害怕劉琦得勢，影響到兒子劉琮的地位，所以非常嫉恨他。劉琦感到自己處在十分危險的環境中，多次請教諸葛亮，但諸葛亮一直不肯為他出主意。有一天，劉琦約諸葛亮到一座高樓上飲酒，等兩人坐下飲酒時，劉琦暗中派人拆走了樓梯。劉琦說：「今日上不至天，下不至地，出君之口，入琦之耳，可以賜教矣！」諸葛亮見狀無可奈何，便給他講一個故事。

春秋時期，晉獻公的妃子驪姬想謀害晉獻公的兩個兒子：申生和重耳。重耳知道驪姬居心險惡，只得逃亡國外。申生為人厚道，要盡孝心，侍奉父王。一日，申生派人給父王送去一些好吃的東西，驪姬趁機用有毒的食物與太子送來的食物給調包了。晉獻公渾然不知，正要吃呢，驪姬故意說這膳食從外面送來，最好讓人先嘗嘗看。於是命左右侍從嘗一嘗，才剛嘗了一點，便倒地而死。晉獻公大怒，決定要殺申生。申生聞訊，也不作申辯，自刎身亡。諸葛亮對劉琦說：「申生在內而亡，重耳在外而安。」劉琦馬上領會了諸葛亮的意圖，立即上表請求派往江夏，避開後母，終於免遭陷害。

警界與匪鬥智之「上屋抽梯」篇

小馬身材高大，長得一表人才，多數女性第一次看到小馬，很難不被其高大英挺外表所吸引，但是小馬不思正途，從來都不想好好工作，只想靠外表吃軟飯、不勞而獲。近來小馬的生存之道就是先假裝自己有為青年，一付努力衝刺事業的樣子，對外塑造高帥富假象，吸引感情空虛之富有女性注意，進而展開熱烈追求，結為夫妻。當與目標結為夫妻後，開始以為家庭未來發展為由，找尋各種投資名義，詐騙另一半的錢財；當另一半發現有異時，才露出原本面目，不時暴力相向，直至另一半受不了主動求去時，再提出高額離婚費用，若另一半不從，就以各種法律與非法手段，死纏爛打，直至另一半屈服，付出高額的代價為止。

由於多數上當的富有女性抱著花錢消災心理，只想儘快終結這段孽緣，致使小馬屢試不爽，每次在將詐騙所得揮霍殆盡後，便重新找尋下一個目標，前後至少已有五次藉由結婚騙財騙色的紀錄。

數年前，小馬又山窮水盡，於是藉故認識官女，並與該女結婚。當小馬準備重施故技時，官女心有不甘，堅決要走法律途徑與之抗衡到底，希望給小馬一個教訓。沒想到小馬面對官女聘請律師控告傷害、詐騙等刑事告訴、申請家暴令、搬家等強硬作為，怒火中燒，眼見官女一再避不見面，不給妥協的機會，小馬的反應愈來愈偏激。

當小馬透過各種關係打聽到官女新居後，酒後請友人開車欲至其官女住處與之談判，竟一時失控，隔著鐵門縫隙舉槍朝官女射擊，該女頭部中槍當場身亡。小馬也開始展開逃亡生涯。

由於大眾逐漸重視家暴引發的各種問題，加上婦女團體不斷大聲疾呼婦女保護工作，名嘴亦在電視上批評政府並未落實婦幼保護。此案引起社會軒然大波，一時之間，警方面對排山倒海的破案壓力。

轄區偵查隊長接獲報案後，先至現場勘查，了解小馬的作案路徑、手法、當事人背景、逃亡路線後，警方心知此案一定能破。[25]只要花個一個星期左右時間，當事人自然會出面投案，理由如下：

第一、小馬既然靠吃軟飯維生，表示個性懦弱，應該沒有勇氣自殺。之所以持槍談判後怒火中燒而殺人，是因為已經無法克制內心憤怒所致，這種人只會傷害不被他控制的人，通常不是會自我傷害的人。

第二、小馬沒什麼謀生技能，只會騙財騙色而已，連殺人都難以取得性能良好的制式槍枝。所用的槍枝是性能極差的改造槍枝，這也表示他無幫派背景。因此也不用擔心他有強大火力與警方對峙。加上幫派人士痛恨這種吃軟飯的行徑，就算他有幫派背景也得不到奧援。

第三、小馬經濟狀況不佳，連前往官姓女子新居時，自己也沒交通工具，尚須朋友搭載。連逃亡時，也不是前往高鐵站、火車站，或是以租車代步，而是乘坐最便宜之野雞車，代表他已經走投無路。

分析完小馬的處境後，警方決定採取「上屋抽梯」的強勢作為，斷絕小馬所有可能的退路，逼其主動投案。

警方先調取小馬兩個月內的手機通訊紀錄，了解小馬交友情況，逐一致電可能幫助小馬的對象，電話中明確告知當事人窩藏人犯與協助逃亡的刑事責任，並分析小馬翻臉不認人的冷酷個性，希望他們若知道小馬的下落，能主動告知警方。另外再到小馬老家，施壓小馬親友。除了當面告知小馬父母親友本案的嚴重性外，警方也表示一定會緊迫盯人，看住小馬所有親友，直至逮捕小馬為止。

同時間，警方透過新聞發布消息，表示為了儘速將小馬緝捕到案，已經派出偵查人員至各車站訪查，並將照片分送網咖、汽車旅館、旅社等可能提供過夜留宿的場所，供業者比對。另外，警方並公告將各地空屋與工寮等處所列為第二波清查重點，目的是要讓嫌犯連安穩睡覺都不可能，最終讓小馬四面楚歌，主動投案。果其不然，經由通訊監察得知，小馬的各方親友包括父母，在接獲小馬電話後，均告戒他不要前來投靠，以免造成親友們的麻煩。

到了案發後第六天，警方接獲小馬來電，表示願意出面，並與警方相約在荒郊野外的百姓公祠投案。為免意外，警方提前到場埋伏。約定的時間一到，小馬現身，面容憔悴，頭髮發白，完全不復往日帥氣風采。除了瘦了一圈外，全身也滿是蚊蟲叮咬的痕跡；渾身發出惡臭，看樣子已經多日未曾洗澡與正常進食。

小馬見到警方，第一句話就是拜託警方買便當供其果腹，顯見警方堅壁清野的「上屋抽梯」策略已達到效果。全案也宣告順利偵破，還給了死者公道。

偵查小知識

㉕刑案現場調查，區分為調查組與勘查組兩大主軸。根據《警察偵查犯罪手冊》規定，調查組負責蒐集與刑案相關情資，其任務如下：（一）訪問被害人、報案人、發現人或其他關係人，瞭解案發時及案發前後，有無發現任何可疑之人、事、物等，俾發掘可能之線索；（二）對於現場附近之環境、交通狀況及案發當時之天候、風向、氣溫等進行必要之觀察；（三）如案情需要，對於現場相關處所進行搜查，尋找可能遺留之各種跡證；（四）其他現場調查相關任務。勘察組負責現場勘察，其主要任務如下：（一）運用科學技術與方法勘察現場、蒐集證據，作為犯罪偵查或法庭偵審之證據；（二）研判犯罪嫌疑人進出路線、犯罪時間、方法、手段、工具、犯行、過程等，以明瞭犯罪事實；（三）採集各類跡證，並依其特性分別記錄、陰乾、冷藏、包裝、封緘，審慎正確處理，避免污染，並掌握時效，送請警察局鑑識中心、鑑識課或相關單位鑑驗；（四）其他現場勘察相關任務。

第二十九計　樹上開花

計謀釋義

《三十六計・並戰計・樹上開花》原文為：「借局布勢，力小勢大；鴻漸於陸，其羽可用為儀也。」意指借別人的局面布置成自己的陣勢，兵力弱小的看起來陣容也會顯得強大。這就像《易經・漸卦》所說的：「鴻雁能飛向大陸，全憑它豐滿的羽毛助長氣勢。」

「樹上開花」字面上的意思是在沒開花的樹上用絹布黏成五顏六色的花，讓假花和真樹相互映襯，它的中心思想就是：借力使力——借用外力增強自己的聲勢。此計是說弱小的部隊憑藉某種因素，改變外部形態之後，便能讓自己陣容顯得充實強大，就像鴻雁長了羽毛豐滿的翅膀一樣。又或者自己的力量比較小，卻可以藉友軍勢力或某種因素製造假象，使自己看起來非常壯大。因為戰場上情況複雜，瞬息萬變，善於布置假的情況，虛張聲勢很容易懾服甚至擊敗敵人。

古代戰例

劉備起兵之初，與曹操交戰，多次失利。劉表死後，劉備在荊州，勢孤力弱。這時，曹操領兵南下，直達宛城，劉備連忙率荊州軍民退守江陵。由於老百姓跟著撤退的人太多，所以撤退的速度非常慢。曹兵追到當陽，與劉備的部隊打了一仗，劉備敗退，他的妻子和兒子都在亂軍中離散了。劉備只得狼狽敗退，令張飛斷後，阻截追兵。

但負責斷後的張飛手上只有二十至三十名騎兵，怎敵得過曹操的大隊人馬？好在他臨危不懼，心生一計。他命令所率的騎兵都到樹林子裡去，砍下樹枝，綁在馬後，然後騎馬在林中飛跑打轉。張飛則一人騎著黑馬，橫著丈二長矛，威風凜凜站在長板坡的橋上。追兵趕到，見張飛獨自騎馬橫矛站在橋中，好生奇怪，又看見橋東樹林裡塵土飛揚，以為樹林之中定有伏兵。大部隊全都不敢輕舉妄動。結局是張飛只帶上二十至三十名騎兵，就阻止了追擊的曹兵，讓劉備和荊州軍民得以順利撤退，張飛靠的就是「樹上開花」之計。

警界與匪鬥智之「樹上開花」篇

轄區某民意代表服務處昨晚發生槍響，警方接獲報案後立即調動大批警力前往支援處理。待抵達現場時，眾多嫌犯早就作鳥獸散，現場只留下二名身體槍傷來不及走避的嫌犯。警方在將二名傷者送往醫院救治的同時，又收到其他醫院回報收治了三名受到槍傷的嫌犯。第一時間，警方共掌握到五名涉案的受傷嫌犯；幸運的是這五名嫌犯僅受槍傷，治療後沒有大礙。

由於案發地點在民意代表服務處，萬一查證之後，民意代表也涉入其中，偵辦過程勢必將受到許多無形干擾與壓力。再者，膽敢在民意代表服務處開槍傷人，應該也非泛泛之輩，背後也有相當勢力撐腰才是。加以媒體持續關注本案發展，一時間令警方感覺到此案十分棘手。

為了在最短時間內給社會大眾一個交待，警騎四出，全面展開各項偵辦工作。但案發現場並無監視設備可供調閱影像，很難得知究係何人開槍。而在醫院反覆偵訊相關人士，他們口徑完全一致，皆稱不知為何受傷，聲稱自己只是陪同朋友前往服務處洽談事情，怎知對方突然持槍射擊，看到槍手是誰，但並不認識。只能在聽到槍聲後，趕快趴在地上找掩蔽。發現中槍後即由朋友或警方護送就醫。

當警方知道這些陳述都是避重就輕——地下勢力談判，雙方怎麼可能沒有帶槍赴約；去談判卻不認識對方，這些說詞顯然不合常理。但辦案講究的是證據，沒有證據，就算他們的說詞令人生疑也拿他們沒辦法。一干嫌犯的槍傷還不是警方最擔心的，警方最擔心的是雙方都有人馬掛彩，為了報仇，雙方背後的老大可不容易善罷干休。現下的安靜是一場山雨欲來的前奏。

警方當然希望此次衝突已由黑道仲裁人士出面安撫並約束雙方，雙方也決定不再對此事繼續追究。但更大的可能是雙方早已私下調集火力與人馬，準備來場大火拼，一決勝負。警方衡量當時的黑道生態，往昔能發揮仲裁功能的大老已紛紛凋零，退出江湖，稍後最為可能衍生出大火拼。大火拼也不是最終結局，之後也還會有更多零星的衝突發生，即將發生的一連串火拼勢必招來輿論的責難。

為了避免大火拼的發生，警方清查受傷嫌犯的背景，發現主要分屬兩個不同幫派；另外根據線民提供的情資，大致上已拼湊出事情完整的原貌——原來當日兩幫派相約赴民意代表服務處，由該民意代表服務處主任主持談判。談判內容是工地廢棄土方處理和保護費收取事宜。無奈談判當下雙方火氣甚大，突然某方小弟按耐不住性子，先行拔槍嗆聲，自己大哥還來不及阻止，雙方已經拔槍相向。最後場面無法控制，兩方才持槍互射。

警方明瞭幫派間的糾紛，若沒能在第一時間壓制其欲復仇的氣焰，勢必讓雙方誤認警方執法能力不足，拿自己沒轍，便會採取更激烈的行為。因此警方在第一時間就清查出兩方幫派平時活動與圍事場所，規劃一連串的臨檢掃蕩作為，先給他們來一場震撼教育。另外則希望藉由掃蕩其營生場所，發揮斬斷其金脈的效果，直接影響幫派的正常運作。

不過畢竟警力有限，長此以往，對其他警務工作將產生排擠作用。於是警方決定採用「樹上開花」策略，聯繫憲警並同執行勤務，再動用義警民防，希望藉由強力且大規模的動員，讓幫派意識到警方嚴厲執法的決心。

警方一方面與其他單位合作，共同動員來將自己查緝不法的氣勢做大，一方面警方也透過可用的管道放話，強調警方一定對公然挑戰公權力的行為嚴辦到底，決不寬貸。雙方見繼續對峙下去，一定踩到警方紅線，趕緊派人與警方接觸，希望警方能網開一面，讓自己的生意能繼續。警方眼見「樹上開花」奏效，當然趁勢追擊，對可能開槍的人士展開調查與追緝。

警方打蛇隨棍上，表示在民意代表處開槍即是挑戰警方，要嘛儘速交槍交人，否則就持續強力取締，直到兩方幫派均被消滅為止——看是要交出槍手，還是要將好不容易經營起來的地盤拱手讓人。警方放出這風聲，心裡當然清楚幫派從來不以打殺為目的，打殺只是手段，為的是求財；若能繼續發財，犧牲部分小弟換到幫派的生存，這算盤，老大絕對有可能會這樣打算的。

果然沒多久勤務指揮中心接獲電話，表示轄區電線桿下方有一包不明物品，請巡邏員警前往察看。警方到場開包，赫然看到包裡裝了近十把槍械，攜回鑑定後，證實彈道均與槍擊現場所留彈殼痕跡相同，但共同點是槍枝表面均已擦拭乾淨，無法取得指紋。顯示黑道迫於壓力，已先行將所有涉案槍枝交出，但仍對交人一事存有些許期待，希望警方查到槍，可以退一步不要求交人。同時間，警方也接獲情資，得知涉案人等已陸續離開轄區，甚至有潛往中國大陸者，此舉避風頭的意義十分明顯。

已經離境的涉案人士，暫時也無法跨境加以拘捕，所以警方轉變工作重點，從現場勘查著手，要求受傷嫌犯畫出所認識的幫派份子當天坐定的座位，再配合現場彈殼位置、受傷倒地情況等，勾勒出當時開槍槍手的位置，間接確認槍手身分。

原先警方想將這些槍手先行函送檢方偵辦，但這些嫌疑人卻屢傳不到，檢方直接發布通緝。對於幫派執著於不交人，警方當然感冒，也就持續對特定營業據點展開臨檢。雙方老大眼見再這樣拖下去，幫派可能就此垮掉，最後部分涉案槍手在老大施壓下，於警方函送前主動到案，全案也宣告偵破。

第三十計　反客為主

計謀釋義

《三十六計．並戰計．反客為主》原文為：「乘隙插足，扼其主機，漸之進也。」意指一見到空隙就要插進去，從中慢慢扼住他的決策中樞。這符合《易經．漸卦》所說的：「循序而進」的精神。

「反客為主」字面上的意思就是主人不懂得待客之道，客人可以反過來幫主人招待，它的中心思想是：軟土深掘，得寸進尺——一步步蠶食鯨吞。客有多種：暫客、久客、賤客，這些人的行為都還是真正的「客」，可是一旦漸漸掌握了主人的機要之處的話，就可以「反客為主」了。概括地講，「反客為主」一計，就是要變被動為主動，把主動權慢慢地掌握到自己手中來。施計的過程要循序漸進，不可急躁莽撞，以免洩露機密，把事情搞砸。此計用在軍事上，主要指的是利用時間，把別人的軍隊的指揮權給奪過來。

古代戰例

唐朝叛將僕固懷恩。他煽動吐蕃和回紇兩國聯合出兵，進犯中原。大軍三十萬，一路連戰皆捷，直逼涇陽。涇陽守將是唐朝名將郭子儀，他雖奉命前來平息叛亂，可是手上只有一萬餘名精兵。面對漫山遍野的敵人，郭子儀知道形勢十分嚴竣。好在僕固懷恩突然病死了，吐蕃和回紇之間就失去了中間聯繫和協調的人物，群龍無首，導致雙方都想爭奪叛軍指揮權，矛盾逐漸激化。

郭子儀在安史之亂時，曾和回紇將領並肩作戰，所以他想藉此關係趁機分化叛軍。郭子儀先祕密派人前往回紇營中轉達想與過去並肩作戰的老友敘敘情誼的想法。回紇都督藥葛羅，也是個重視舊情的人，聽說郭子儀就在涇陽，十分高興。兩人見面，除敘舊情外，郭子儀也趁機說服他們不要和吐蕃聯合反唐。藥葛羅看在舊日情誼，便同意與郭子儀結盟。郭子儀反客為主，取代了僕固懷恩的地位。吐蕃聽得此事，覺得形勢驟變，與己不利，於是連夜拔寨撤兵。誰想郭子儀與回紇合兵迅速追擊，大敗吐蕃軍。

警界與匪鬥智之「反客為主」篇

家庭暴力事件是近來警察處理案件中的大宗項目，[26]其中最嚴重的狀況通常是家暴導致家庭成員死亡。這類案件與一般命案相較，顯得更難處理與偵破，原因之一在於一般命案中，嫌犯通常不是在自認為安全的家中犯案，所以犯罪後較容易心慌，沒有多餘時間改變現場或是慢慢清理跡證，因而容易留下多破綻。而家庭暴力事件所引發的命案，許多都是在嫌犯最熟悉的環境中犯案，涉嫌人熟悉家中各項家具位置與器具擺設，加上家是每個人認為安全的場所之一，所以嫌犯心理上覺得較踏實，有較高機率慢慢清理現場，甚至製造許多變動，誤導警方偵辦。

類似案件中，警方最常遇到的問題是，明明知道嫌犯就是家庭成員，但是因為現場遭到嫌犯破壞，沒有直接證據，加上嫌犯心理較不慌張，難以讓嫌犯心虛而俯首認罪。因此遇到類似案件，常見偵查策略就是先配合嫌犯的謊言，讓當事人慢慢陳述，時機成熟後，再全盤主導案件，也就是採用所謂「反客為主」計謀的概念。此一犯罪偵緝方法立基在犯罪心理學上——當嫌犯要圓一個謊時，就得要說更多的謊去掩飾先前的謊言，因此，嫌犯說得越多，警方就越容易發現更多不合情理之處，讓警方得到破案的線索與著力點。

話說潘姓男子無正常工作，酗酒，平常到處打零工維生，最終大陸籍妻子受不了其不負責任的態度，選擇訴訟，成功離婚並攜帶孩子離開潘男獨自生活。潘男不思振作，反而認為老婆（女人）看不起他，心態也越變越偏激，繼續選擇以酒精麻痺自己。因為長期失業，無法再負擔房租，房東下逐客令，潘男只能搬回老家與母親同住。

一開始潘母體諒潘男家庭與工作均不順遂，所以未多加苛責，但潘男反而認為身為母親就必須提供所有的生活用度，漸漸的就變成名符其實的啃老族。缺錢喝酒時，就向母親要錢，若未能順利要到錢，動輒對母親暴力相向。雖然里長有時看到潘母身上出現瘀青與外傷，想要主動協助，但潘母不捨自己兒子遭到警方調查，所以一再推辭里長的協助。

潘男因長期酗酒，已有酒精中毒情況，已無法控制自己的言語與行為，變成警方口中俗稱的「酒空仔」。一日，潘男又在外喝酒回家，酒醉狀況下，無法順利開啟家中大門，於是在門外嚷嚷著要潘母開門，但潘母因為年紀大行動不便，過了約五分鐘後才從房間移動到大門開門。沒想到此舉竟然引起潘男極度不滿，酒精作用下，竟對前來開門的潘母飽以老拳，一陣毆打後，潘母逐漸失去意識。

闖下大禍後，潘男酒也醒了大半，誰知他不想將母親趕快送醫，卻反而開始布置現場，想要將現場變成是強盜殺人的態樣。他先破壞門窗、再將母親拖上樓，放到床上，意圖誤導警方母親是在床上遭強盜殺害。布置完畢後，潘男先去睡一覺，隔日醒來，再去里長家，假裝請求里長幫忙，稱母親一覺未醒，且家中好像有遭人侵入的樣子，請里長幫忙。里長到潘男家一看，發現潘母已氣絕多時，立即通報警方到場處理。

警方初步勘查完現場，訪談附近民眾，大致知道案件經過，也懷疑潘男自導自演。因此先假裝以請教的方式，請潘男慢慢說明事情經過。潘男因事先想好說詞，在毫無喪親之痛的情況下滔滔不絕地講述發現過程——潘男聲稱前一晚喝酒回家，累了就上樓休息；聽到樓下無聲響，以為老人家總是早早就寢。沒想到早上醒來，想要叫醒母親一起外出買早餐時，才發現母親身體冰冷，且發現家中鐵窗遭人破壞。自己猜測應該是傍晚時，有人侵入家中想要強盜財物，被母親發現後，強盜將母親殺死。語畢，潘男還假意請警方務必要將殺人的強盜找出來。

警方聽潘男講完後，故意配合嫌犯的說法，就嫌犯講的位置與時間一一去查證。首先測量鐵窗遭破壞的大小面積，發現面積太小，常人根本無法穿過；又請潘男將家中工具箱拿來，讓鑑識人員比對遭破壞的鐵窗上是否留下與家中工具相符的工具痕跡，最終比對出鐵窗就是用家中的工具破壞的。

鑑識的過程中，警方同時要潘男用紙筆自己寫下回家時間，再請法醫驗屍，比對死亡時間後，發現潘母死亡時間就是潘男回家的當下。警方先按住不發，再跟潘男說：「你昨晚應該沒有洗澡，要不要先換一下衣服？」等潘男換下衣服後，警方檢查他的衣服，上面正好有細小的血跡，經鑑定血跡屬於潘母。

有了這三項鐵證，警方從被動的一方重新奪取案件偵辦主導權，直接跟嫌犯攤牌。根據勘查現場結果，發現潘男用衣服覆蓋在母親屍體上，疑似不忍母親曝屍。因此攤牌時，警方除提示證據，也動之以情地跟潘男說：「我們認為你本性不壞，應該只是一時慌了手腳，所以才要誤導警方，不然早就將你母親丟到外面去了。你把你母親放回床上，用衣服蓋好，表示你還有一點點孝心。」

潘男面對三項證據，見已無從抵賴，加上警方又動之以情，終於承認殺害母親，並交待了行兇的過程，全案順利也宣告偵破。

偵查小知識

㉖《家庭暴力防治法》於民國八十七年六月廿四日公布實施，在家庭暴力防治工作中，警察系統屬關鍵「守門者」角色，因警察是被害人求援的第一個單位，亦是刑事司法系統之入口單位，因此，世界各國有關家庭暴力防治政策之制定及執行，警察都是其中非常重要的力量。根據該法規定，家庭成員間實施身體、精神或經濟上之騷擾、控制、脅迫或其他不法侵害之行為，均屬於家庭暴力行為；家庭成員定義，包括下列各員及其未成年子女：（一）配偶或前配偶；（二）現有或曾有同居關係、家長家屬或家屬間關係者；（三）現為或曾為直系血親或直系姻親（四）現為或曾為四親等以內之旁系血親或旁系姻親。

第六卷

敗戰計

第三十一計　美人計

計謀釋義

《三十六計．敗戰計．美人計》原文為：「兵強者，攻其將。將智者，伐其情。將弱兵頹，其勢自萎。利用禦寇，順相保也。」意指兵力強大的，就要攻打他的將帥；將帥明智的，就打擊他的情緒。將帥鬥志衰弱、部隊士氣消沉，他的氣勢就自己萎縮了。這就是《易經．漸卦》所說的：「利用敵人內部的嚴重弱點來控制敵人，便可保存自己的實力。」

「美人計」最早被記載在《韓非子．內儲說下》，韓非提到晉獻公獻美女給虞、虢兩國之事。它的中心思想是：採利誘或色誘來影響對方情緒、判斷力。勢力強大，將帥明智，這樣的敵人不能與他正面交鋒，在某一段時間內，只得暫時向他屈服。侍奉或討好強敵的方法分成三等，最下策是用獻土地的方法，因為這會增強敵人的力量，削弱自己，像六國爭相以地事秦，沒一個有好下場。次下策是用金錢珠寶、綾羅綢緞去討好敵人，這也不是什麼好辦法，因為當你增加了敵人的財富，像宋朝侍奉遼國、金國那樣，自己國家也會跟著變弱。獨獨運用「美人計」才是上策，因為這樣可以消磨敵軍將帥的意志，削弱他的體力，並可以放大他的部隊對他的怨恨情緒。

古代戰例

漢獻帝九歲登基，朝廷由董卓專權。董卓為人陰險，濫施殺戮，並有謀朝篡位的野心，滿朝文武，對董卓又恨又怕。司徒王允十分擔心朝廷出了這樣一個奸賊，不除掉他，漢廷難保。可是董卓勢力強大，正面攻擊，無人鬥得過他。董卓身旁有一義子，名叫呂布，驍勇異常，忠心保護董卓，更讓人難以下手。不過王允觀察到這「父子」二人，狼狽為奸，雖然不可一世，但他們都有一個共同的弱點——父子皆是好色之徒。王允想到府中有一歌女，名叫貂蟬。這個歌女，不但色藝俱佳，而且深明大義。王允於是向貂蟬提出用美人計誅殺董卓的計畫。

貂蟬為感激王允對自己的恩德，決心犧牲自己。於是在一次私人宴會上，王允主動提出將自己的「女兒」貂蟬許配給呂布的想法。呂布見這一絕色美人，喜不自勝，十分感激王允。第二天，王允又請董卓到家裡來，酒席筵間，要貂蟬獻舞。董卓一見，饞涎欲滴。王允又說要把貂蟬獻給董卓，老賊假意推讓一番後就把貂蟬帶回府中去了。呂布知情後大怒。呂、貂後來藉機私會，貂蟬按王允之計，持續挑撥他們的父子關係。王允後來假傳聖旨，召董卓上朝受禪。再讓埋伏一旁的呂布一戟刺穿老賊咽喉，國賊一除，朝廷內外，人人額首稱快。

警界與匪鬥智之「美人計」篇

以綽號「阿布拉」為首的游姓慣犯所組成的竊盜集團，一直是轄區警方頭疼的人物。游嫌竊盜時擅長團隊行動，且認為生活就是要享受，平常即以不法所得賃屋於高級住宅區內，出入亦以高級出租車代步，且約莫三個月即更換一次車輛，行蹤不定，難以有效掌握。

由於游嫌平常賃屋於各高級住宅區，因此大略知道這些高級住宅區的保全特性、住戶生活狀態，竊盜目標多選定下午時段受害人出門喝下午茶，或因自行開設公司，午後必須進公司處理事務的高級住宅住戶。在住戶工作或喝下午茶時，游嫌三人一組，有人專門拆卸門閂，有人專門把風。等順利破壞門戶入屋後，三人搜刮財物的分工也默契十足。為避免失風，此集團每次進入住宅行竊，時間總計不會超過五分鐘，難以被發現，所以多次犯案，無往不利。

夜路走多，終究遇到鬼。某次該集團駕駛租用車輛在目標區附近繞行觀察下手對象時，因行跡太過可疑，遭到巡邏員警盤查。員警見車內有竊盜工具，要求嫌犯下車受檢。但嫌犯拒絕下車，開車衝撞員警，遭到員警開槍反制，並加以逮捕。但因拒捕過程未造成員警傷亡，且無法找到被害者前來指認可疑之贓物，故三人最終仍獲法院交保候傳之處分。不過警方趁著搜索其車輛時，從嫌犯記事本、購物發票等內容，大致推測出嫌犯的生活習性、喜好的異性類型，還有線上遊戲帳號等資訊，並利用遠端監視系統的車牌監控功能，大致掌握了嫌犯可能落腳處。

由於竊盜案移送，需要有贓物、指紋或是ＤＮＡ等直接證據，否則難以說服法官作出有罪判決。但面對狡猾的嫌犯，要在現場採獲相關證物，或是直接查獲銷贓管道，確實困難。如果要將三人定罪，最直接有效的方法，莫過於在他們竊盜過程中當場緝捕。警方決定辦案方向後，因已知悉嫌犯線上遊戲帳號，故決定透過線上遊戲，誘使集團掉入警方設下的「美人計」中。

原來警局內正好有位女警，平常就有玩線上遊戲習慣。加上該員原係在外工作一陣子後，才通過特考，加入警察陣容，舉手投足間既無警察的嚴肅感，也符合嫌犯喜歡的異性類型。由於生性謹慎，女警臉書資料也從不洩漏自己的警察工作內容，反而都是吃喝玩樂的照片，給人一種富家女的錯覺。因此偵察隊長請該女警協助在線上遊戲中有一搭沒一搭的與嫌犯攀談，引起嫌犯的注意。兩到三個星期後，嫌犯果然主動向該女警要臉書帳號。女警第一次假稱不方便，藉以卸下嫌犯心防，至嫌犯第二次要求加好友，女警才提供帳號給該嫌犯。由於女警臉書內容多為出遊玩樂吃喝的照片，因此嫌犯並未起疑，反而被女警的美麗姿色所吸引。

當嫌犯提出見面邀約時，偵察隊長指示女警前兩次故意以朋友結婚要當伴娘或是身體不適為理由婉拒，還假意傳訊息向嫌犯致歉。嫌犯第三次要求見面時，女警為表歉意，要求請嫌犯喝下午茶——女警與嫌犯的互動完全模擬男女交往初期的過程狀況，嫌犯在完全不設防的狀態下一步步落入警方精心設計的陷阱。

喝完下午茶後，女警藉故先行離開。同時間，外圍支援警方即順利掌握到嫌犯目前使用交通工具的車牌號碼，並立即透過各路口監視器影像，確認嫌犯最新租屋處所。女警與嫌犯見面後，在網路上假裝與嫌犯互動更為熱絡，讓嫌犯產生正在與女警談戀愛的錯覺。女警也在互動的過程中蒐集對方的生活習慣以及推測嫌犯下次可能犯案時間。

果其不然，主嫌最近一周雖仍主動回覆女警網路上的問候訊息，但即時回覆的情況少了，警方研判嫌犯可能正忙著在尋找下一個作案目標，因此透過勤指中心，將嫌犯所駕車輛的車牌設定為警示車牌，只要經過每一設置辨識車牌的路口，就主動發送訊息告知警方嫌犯的下落。某日下午，警方發現該車輛於某區域內反覆繞行，研判嫌犯應該伺機觀察目標對象屋主出門，準備下手行竊。馬上調集人馬到現場埋伏。到達現場即見到嫌犯車輛停放於附近路邊停車格內，約莫半小時後，三名嫌犯從某豪宅區步行離開，警方立刻上前盤查，果然在他們身上搜出許多貴重物品與竊盜工具，因此將嫌犯帶回偵辦。同時間再透過路口監視器影像，確認嫌犯入侵的各戶豪宅，請管委會逐一清查門鎖遭破壞之住戶，確認被害人後，以準現行犯予以送辦。

由於嫌犯係準現行犯當場被緝獲，加上被害住戶有兩戶以上，且失竊財物超過當時重大刑案標準——現金五十萬的價值，情節重大，因此警方於移送書上建請羈押，也順利獲得法院支持。後續警方利用羈押嫌犯期間，仔細搜索其落腳處；再利用隔離偵訊挑撥離間，讓嫌犯們狗咬狗，如此操作後，數起轄區內疑為該集團所犯下的重大竊盜案也就跟著一個個順利破案！

第三十二計　空城計

計謀釋義

《三十六計・敗戰計・空城計》原文為：「虛者虛之，疑中生疑；剛柔之際，奇而復奇。」意指空虛的就讓它保持空虛，使人更加難以揣測；在進攻和防禦中運用這般空虛的戰術來隱蔽自己的空虛，越發顯得用兵出奇。這符合《易經・解卦》提到的敵強我弱時要採用奇計的思想。

「空城計」典故出自《三國演義》，諸葛亮以此計嚇走司馬懿。此計的故事情節因為被選入中學教科書，人人皆知。它的中心思想是：以虛代實，使敵人因為提防我方太多而感到害怕。在敵盛我虛之時，當展開心理戰——虛虛實實，兵無常勢，變化無窮。一般人在局勢變化不定時尚且生疑，更何況是調度敵軍的統帥？不過計用在敵我兵力懸殊，我方處於劣勢的情況，只能當作緩兵之計，還得防止敵人刺探得知實情後捲土重來。所以用完此計，必須馬上調回兵力，使我方有實力與敵方進行之後的對抗。

古代戰例

春秋時期，楚國的令尹公子元在他哥哥楚文王死了之後，非常想占有漂亮的嫂子文夫人。他用各種方法去討好文夫人，但文夫人卻無動於衷。於是他想建立功業，藉此討文夫人歡心。公子元於是親率兵車六百乘攻打鄭國。楚國大軍一路連下幾城，直逼鄭國國都。鄭國危在旦夕，群臣慌亂，有的主張納款請和，有的主張拼一死戰，有的主張固守待援。上卿叔詹進言：「請和與決戰都非上策，固守待援，倒是可取的方案。鄭國和齊國訂有盟約，如今有難，齊國定會出兵相助，只是空談固守，恐怕也難守住。公子元伐鄭，實際上是想邀功圖名討好文夫人。他一定急於求成，又特別害怕失敗。我有一計，可退楚軍。」

鄭公於是按叔詹的計策，在城內作了安排——命令士兵全部埋伏起來，不讓敵人看見；城內店鋪照常開門，百姓往來如常；大開城門，放下吊橋，擺出完全不設防的樣子。楚軍先鋒見此情景，心裡起了懷疑，於是不敢妄動。公子元趕到城下，率眾將到城外高地眺望，見城中隱隱約約有旌旗甲士，便認為其中有詐，於是按兵不動。此時，齊國接到鄭國的求援信，已聯合魯、宋二國發兵救鄭。公子元獲報後見好便收，就趕緊撤退了。

警界與匪鬥智之「空城計」篇

社會新聞中，最常見到有關幫派活動的消息，例如未成年少年成群結隊參加各種活動，像廟會陣頭、黑幫大老公祭等等。吸收無知青少年從事違法行為的組織犯罪，一直以來就是警方偵查蒐證的重點目標。

早期的幫派或是角頭，多以火拼霸占地盤，然後在地盤裡敲詐勒索、收取保護費、經營私娼館、舞廳、酒廊等做為組織經濟的來源；六零年代開始，則轉而開始經營錢莊、討債公司、地下期貨。也有集團以餐廳或是秀場為基地，經營上述特種行業外，還綁標各種工程等；到了八零年代，幫派組織開始企業化經營，亦不再侷限於八大行業，觸角開始延伸到各行各業，只要能賺錢，沒什麼不幹的。這些企業化經營的幫派多以合法事業掩護非法行為，像以傳播公司從事人口販運與性交易、以貿易公司從事毒品槍枝走私、以當鋪從事錢莊高利貸、以建設公司從事公共工程綁標等不法勾當。

每一地區的經濟模式不同，各個幫派發展出來的企業化組織犯罪型態各異。某轄區因靠近山區，其中某一「黑色企業」多以砂石採集、承包公共工程或廢棄土方清運為主要經濟來源。平時正常營運，但遇到工程招標太多人搶標，一時間無法協調其他廠商棄標——也就是「搓圓仔湯」失敗，或是認為工程做完，但驗收工程遭到驗收人員刁難時，便唆使小弟毆打或恐嚇當事人。受害人多了，報案的累積起來也不少，慢慢造成當地警方的壓力。所以警方決定採取行動，將該黑色企業連根拔起。

不過要連根拔起一個以合法掩護非法的黑色企業，必需長期蒐集完整罪證才行。如果貪圖績效，想在短時間內就要見效，十之八九肯定失敗。某次針對該黑色企業舉行的治安會報，便有同仁發言：

不如使用空城計，把陣仗先擺出來，嚇嚇對方，讓對方收斂一下高張的氣焰，但我們實則把人力放到蒐證上面。等對方以為風聲過了，疏於防範，我們再下手。

另一位同仁也附議：

現有警力嚴重不足，我們不可能採取緊迫盯人方式。如果硬要這麼做，等於陷入與對方打消耗戰的狀況；我們還有其他勤務，他們沒有，硬撐下去，可能同仁們全部都累垮了也找不到有力的事證扳倒他們。不如我們先把聲勢做大，假裝事事皆針對這個黑色止業，讓對方一時不敢蠢動。但他們畢竟需要錢來維持公司運作，肯定沒多久就要重操舊業；加上他們太久沒動作，其他鄰近的幫派很快就會過來搶地盤。一方面他們要趕緊賺大錢，二方面又要對付其他幫派，一定會顧此失彼，露出馬腳，我們就能趁隙一舉根除這個集團。

面對屬下提出「空城計」的策略，會議主持人有點猶豫，畢竟這樣做要花比較多時間，無法馬上有績效入袋。但偵查隊長說明在這裡用上「空城計」，其實就等同是「開放監控偵查」——光明正大讓對方知道其已經被警方監控，如此確有暫時壓制犯罪的效果。最後主持人同意實施本計，各單位便開始分頭進行相關工作。

為了擺出空城，讓人力轉而去持續蒐集黑色企業的不法事證，警方分頭進行以下工作：

第一、每次只要破了其他刑案，警方一定大肆召開記者會，在給與媒體的眾多消息中，摻雜黑色企業已經被警方盯上的訊息。

第二、黑色企業據點附近，則列為派出所重點巡邏區域，塑造出該地區已經是警察關注熱點的假象。

第三、如果黑色企業所屬不良少年參與幫派活動時，派出所員警即實施家戶訪查，讓少年感受到警方的關注，並利用他們的抱怨，把這層壓力轉移到黑色企業。

第四、黑色企業承包的工程，警方特別請混擬土試驗中心嚴格查驗有無偷工減料，務必使他們在工程方面撈不到任何油水。

第五、協調勞工局、環保局、稅務局等單位針對黑色企業承包的工程工地，加強勞動安全、勞工衛生、環境汙染、稅金稽核等行政查核，造成黑色企業精神上的壓力。

果然，警方擺出虛張聲勢的空城後，黑色企業覺得山雨欲來，於是偃旗息鼓，想暫避風頭。警方人力上也就暫時獲得喘息，得以主力放在蒐證工作上。

一如警方所料，黑色企業被警方及政府其他單位盯上的消息，很快傳入其他幫派的耳裡。鄰近的幫派也想趁勢插手黑色企業的地盤。黑色企業眼見錢賺不到，地盤又快被搶走，不得已，必須要豁出去、拼一次；於是開始調度人馬，準備與鄰近幫派火拼、一搏生死。

這正是警方等待的最佳時機！早先調走的人力早就設下各種監控網絡——從祕密證人指證、被害者筆錄、通訊監察、遠端監控設備、金流調查、跟蹤監視[27]、繪製組織分工圖表，到與專案檢察官溝通以取得支持等等，全部做得滴水不漏。就在黑色企業調集人力、軍火，準備大開殺戒的當天，警方早已申請到數十張拘票，同步將所有幫派成員拘提到案，罪證確鑿，聲押嫌犯成功，警方順利一舉瓦解這個魚肉鄉民的黑色企業！

偵查小知識

㉗跟蹤乃偵查人員為達成偵查犯罪任務，對特定之人或物等偵查對象所作的一種祕密而持續的觀察活動，屬「流動觀察」或「動態觀察」，目的在發現犯罪嫌疑人之不法行為，並掌握可能犯罪之證據及共犯等。監視亦為偵查人員為達成偵查犯罪任務，對特定之人、事、地、物等對象實施祕密而持續的觀察，屬「固定觀察」或「靜態觀察」，目的在瞭解對象之活動情形，並防止其逃亡及湮滅證據。

第三十三計　反間計

計謀釋義

《三十六計．敗戰計．反間計》原文為：「疑中之疑，比之向內，不自失也。」意指在疑陣中再布置一層疑陣。就像《易經．比卦》所說的：「要利用來自敵方內部的援助，使自己不會受到損失。」

「反間計」典出《孔子兵法》，指利用敵人派來的臥底或我方的叛徒完成我方的任務。「反間計」的中心思想是說：在疑陣中再布疑陣，使敵人內部自生矛盾，我方就可萬無一失。說得再直白一些，就是巧妙地利用敵人的間諜，反過來為我所使用。在戰爭中，雙方使用間諜刺探軍情是十分常見的。採用「反間計」的關鍵是「以假亂真」，讓對方間諜或我方叛徒完全相信假軍情。造假要造得巧妙逼真，才能使間諜或叛徒上當，給出假資訊，讓敵人上鈎，信以為真，作出錯誤的判斷、採取錯誤的行動，形成有利於我方的局勢。

古代戰例

宋將韓世忠鎮守揚州。南宋朝廷派魏良臣、王繪等去金營議和。韓世忠心裡極不高興，生怕兩人為了討好敵人而洩露重要軍情。可他轉念一想：「何不利用這兩個傢伙向金國傳遞一些假情報？」等兩人經過揚州時，韓世忠故意派出一支部隊開出東門。果然兩人急忙探問軍隊去向，帶頭的故意回答說他們是開去防守江口的先頭部隊。兩人進城，見到韓世忠。會談間一再有軍令送到。韓世忠故意讓兩人看這些軍令的內容——朝廷催促韓世忠馬上移營守江。

第二天，兩人離開揚州，前往金營。為了討好金軍大將聶呼貝勒，如同韓世忠所預料的，他們明白告訴他韓世忠接到朝廷命令，已率部移營守江。金將判斷韓世忠移營守江，揚州城內空虛，正好奪取。於是聶呼貝勒親自率領精銳騎兵向揚州挺進。沒料到韓世忠在送走魏、王兩人後，急令先頭部隊返回，並在揚州北面大儀鎮的二十多處設下埋伏，形成包圍圈，等待金兵中套。金兵大軍一到，只聽一聲炮響，宋軍伏兵從四面殺出，金兵亂了陣腳，一敗塗地，先鋒被擒，主帥則狼狽的倉皇逃命。

警界與匪鬥智之「反間計」篇

警方基於偵防犯罪需要，依規定可借助各方人士協助收集犯罪資訊，其中廣為情報諮詢布置，祕密掌握運用為偵查犯罪手冊中明文規定之作法。㉘故基於維護治安工作需要，可在社會各階層、各行業物色適當對象加以諮詢。但此類諮詢對象，必須視實際需要審慎遴選，避免被反諮詢。否則除了原來的部署徒勞無功外，可能連警方重要的偵查方式與底線都將被不法分子掌握，遭致不可預期的損失。

話說小陳的父親在地方上稍具名望，早年努力打拼事業，累積相當財富，並善用投資，家族人士就算不工作，仍可過著安逸的生活。所以小陳並無拼搏事業的壓力，在父親開設的汽車旅館擔任幹部，無憂無慮。因為工作屬性的關係，小陳交遊廣闊，到處與人稱兄道弟，結交了不少各地三教九流朋友，平常沒事也喜歡往派出所跑，泡泡茶，與派出所志工聊天。工作中發現進出汽車旅館人士較為可疑時，小陳也會留其意外貌特徵及犯罪徵候，提供警方追查。因為小陳的協助，警方常順利破獲不少小額毒品交易案件，因此警方很重視小陳在地方治安上所能發揮的功效，常與小陳保持聯繫，希望小陳能提供更多的不法資訊。

隨著警方不斷的鼓勵與策動，根據小陳提供線索所查緝毒品交易績效愈來愈高，且相關資訊來源極為精準；凡依循小陳提供的時間、地點、人士深入追查，均能緝獲不法份子，這讓警方在每次專案任務期間均可圓滿完成長官交辦績效，也更倚重小陳。

但詭異的是，該轄區內因毒品衍生的犯罪事件，如機車搶奪、偷竊水溝蓋、住宅竊盜等案件竟然日益增多，令警方感到不解。空有毒品破案績效，但其他案件發生率居高不下，長官也愈見不滿。後來警方與這些屢次為籌措買毒費用而犯罪的嫌犯閒聊之後，得知該區域內毒品價格似乎有上漲趨勢，且品質不若以往優良，供需失衡，讓販毒份子有更高的獲利操作空間。由於多數嫌犯均提出此同一現象，警方一方面雖自豪於緝毒成效，但另一方面不免也憂心忡忡，擔心查緝力道太大，將造成更多因籌措吸毒費用而衍生的財產犯罪事件。

透過其他線民的管道，警方掌握到轄區的毒品來源愈來愈固定。原來是舊有的販毒結構與新增成癮煙毒犯，近來均為警方逐一破獲，只剩黃姓男子為首的販毒集團較少被警方緝獲而屹立不搖。警方進一步了解黃姓男子背景，赫然發現其與小陳曾在同一部隊服役。此時，警方開始懷疑小陳可能扮演雙面間諜的角色，一方面提供警方其他集團的販毒資訊，藉以剷除與黃某競爭的勢力，另一方面又藉由與警方保持密切關係，弄清警方常用的偵查手法，使得黃某的販毒集團免於查獲。

為此，警方除靠相關偵查逐一清查小陳與黃某的關係外，獲報黃某集團內部似乎因為非法所得分配不均而生磨擦。加上小陳與黃某兩人集資合作生產安非他命的消息走漏，遭其他機關海巡單位查獲，警方立即趕至破案現場向查獲單位會探詢。得知該單位早已鎖定小陳與黃某，但遭同步拘提的兩人均不承認製毒。警方於是建議讓與小陳熟識的同仁偵訊，尋求突破。[29]

到達偵訊地點，警方開始演大戲。一方面警方故意在黃某面前感謝小陳：

> 放心好了，你幫我們這麼多，我不會為難你的，也會跟檢察官報告，你幫我們很多。這件事情好解決。要喝茶嗎？這是朋友剛從大禹嶺帶下來的高山茶，一斤要三千多元，你喝喝看。要不要抽菸，我帶你到外面去抽菸，看看有什麼問題我們再喬一下。我幫你通知你女朋友，跟他說你在我這邊，等檢察官了解案情後，看可不可以讓你先回去。我們幫你問檢察官，看可不可以轉為汙點證人，我們了解你的困

難，絕對不會為難你。

警方另一方面則是對黃姓男子嚴厲指責：

不用再撐了，會抓到你是有原因的，是不是被人出賣，你心裡有數，只是我們不能跟你說是誰出賣你。事情很明顯，現在賴也賴不掉，要不要承認，你自己考慮、自己心裡清楚，你不說，萬一小陳先說了，你應該知道後果。從來沒看過像你這樣賺黑心錢的人，其他努力工作的人是白癡嗎？老天爺不可能放過你的……我看，小陳可能肖想你女朋友很久了，或許趁這次你進去，他就全盤接收你的工作，包括連你女朋友一起接收，結果你人在裡面受苦，一切都讓別人拿走了。

這樣一齣大戲演下來，加上之前黃某已經懷疑小陳黑吃黑，怒火中燒之餘，主動供出兩人共同集資販毒的事實，並表示願意與小陳對質。警方趕緊先為黃某製作相關筆錄，再將此筆錄內容提示給小陳，製造兩人之間的矛盾。最終「狗咬狗，一嘴毛」，兩人關係決裂，案情也逐漸釐清，全案宣告順利偵破。

偵查小知識

㉘《警察偵查犯罪手冊》列舉發現犯罪的三種途徑，一是情報諮詢，這是過去所謂的線民佈建；二是查察防制，指的是警察人員於日常的勤務中，透過五官發現犯罪徵候；三是受理報案，指的是因告訴、告發、自首或其他情事，知有犯罪嫌疑而言。根據《警察職權行使法》第十二條規定，警察為防止危害或犯罪，認對公共安全、公共秩序或個人生命、身體、自由、名譽或財產，將有危害行為，或有觸犯刑事法律之虞者，得遴選第三人祕密蒐集其相關資料。前項資料之蒐集，必要時，得及於與蒐集對象接觸及隨行之人。第一項所稱第三人，係指非警察人員而經警察遴選，志願與警察合作之人。經遴選為第三人者，除得支給實際需要工作費用外，不給予任何名義及證明文件，亦不具本法或其他法規賦予警察之職權。其從事祕密蒐集資料，不得有違反法規之行為。第三人之遴選、聯繫運用、訓練考核、資料評鑑及其他應遵行事項之辦法，由內政部定之。

㉙在人的清查中，下列五種對象，應特別注意，包括：案件發生後，關係人或可疑人突告失蹤者；案件發生後，忽然態度失常者；對本案特別表現關懷者；案件發生後，突然生活奢華，吃喝玩樂不正常者；在地方素行不良，有前科資料者。

第三十四計　苦肉計

計謀釋義

《三十六計．敗戰計．苦肉計》原文為：「人不自害，受害必真。假真真假，間以得行。童蒙之吉，順以巽也。」意指因為人不會自己傷害自己，所以受他人迫害必然使別人相信這是真的；讓真的變成假的，間諜便得以趁機活動。就像《易經．蒙卦》所說的：「把他騙得團團轉，順著他的意就能遂我們的心。」

「苦肉計」是利用自我傷害的方式取信於敵人。基於人有自保的本能，不太可能自我傷害，所以表面上遭到迫害，很容易取信於敵人。間諜工作是十分複雜而變化多端的。用間諜，使敵人互相猜忌；用反間，使敵人內部原來的矛盾擴大，增加他們相互之間的猜忌。而「苦肉計」則是假裝自己受迫害，不得已去作敵人的走狗、鷹犬，而實際上卻是到敵方從事間諜活動。派遣表面上同己方有仇恨的人去迷惑敵人，不管是作內應也好，或是協同作戰也好，都屬於「苦肉計」的一種。運用此計，己方要造成內部矛盾激化的假象，再派人裝作受到迫害，藉機鑽到敵人心臟地帶去進行間諜活動。簡而言之，「苦肉計」就是利用傷害自己或友軍，取得敵人的信任。

古代戰例

南宋時金兀術與岳飛在朱仙鎮擺開決戰的戰場。金兀術有一義子，名叫陸文龍，英勇過人，是岳家軍的勁敵。原陸文龍本是宋朝潞安州節度使陸登的兒子，金兀術攻陷潞安州，金兀術將還是嬰兒的陸文龍和奶娘擄至金營，收為義子。一日，岳飛正在思考破敵之策，忽見部將王佐進帳。岳飛看見王佐臉色蠟黃，右臂已被斬斷，大為驚訝，連忙問發生何事。原來王佐打算隻身到金營，策動陸文龍反金，為了讓金兀術不猜疑自己，才採取斷臂之計。岳飛無奈之下只好同意王佐的苦肉計。

王佐連夜到金營，藉口受到岳飛嚴懲，氣不過來投靠，順利取得金兀術的同情。王佐利用能在金營自由行動的機會，接近陸文龍的奶娘，說服奶娘，一同向陸文龍講述了他的身世。文龍知道了自己的身世後，決心為父母報仇，誅殺金賊。王佐指點他要伺機行動。金兵此時運來一批轟天大炮，準備深夜轟炸岳家軍營，幸虧陸文龍先用箭書報了信，使岳軍免受損失。當晚，陸文龍、王佐、奶娘投奔宋營。王佐斷臂，終於使猛將陸文龍回歸宋朝，陸文龍之後也為大宋立下了不少功勞。

警界與匪鬥智之「苦肉計」篇

臺灣處於熱帶與亞熱帶之間，森林依氣候、濕度及海拔區分為熱帶林、暖帶林、溫帶林及寒帶林，林相豐富，森林資源亦傲視全球。各種林木中，尤以臺灣扁柏、紅檜最為聞名，亦為森林盜伐者覬覦之主要目標。臺灣的森林，早從清朝開始，即因軍事等需求而遭到開採；如從樟樹提煉而來的樟腦即是。日治時期，日本政府更投入大量人力採伐珍貴檜木，運回本國。如此皆在在顯示臺灣森林資源的重要性。

清朝開採手段不甚明朗，日本殖民時期砍伐檜木的手段則較重視山林保育——通常在樹幹離地約一公尺高處，以鋸子慢慢施作，直至林木倒下為止，而地上的樹頭部分，基於水土保持考量，往往就地保留。直至今日，政府對林場的經營，從以前的砍伐，轉而復育，到變成森林遊樂的功能。

可是美麗的山林總是引來不肖之徒「關愛」的眼光，並加以盜伐。近來最常見的盜林標的包括珍貴林木上的樹瘤、樹塊、牛樟木、金線蓮等珍貴物種。隨著國人保育觀念日漸普及，警方也成立專責單位加強森林巡邏與查緝。山老鼠們的盜林模式也改弦易轍，化整為零。不再像以前容易動用大型機械、進行大面積破壞。改採揹負攜帶式電鏈鋸入山，專挑日治時期砍伐後遺留之樹頭，分工合作，使用鏈鋸、鐵鍬等工具直接予以切塊，再以白鐵或鋁製背架，用人力背負方式，將木塊運送下山，再銷售至各類藝品店，雕刻成藝術品後出售。

為了查緝這類零星散布的盜林犯罪，警方除了平常廣布眼線外，也逐漸發展並歸納出各種追蹤、聽音辨位等相關偵查技術。由於警方入山巡邏，特別注意盜伐聲響，嫌犯改趁天候不佳、風雨交加時段入山，利用風雨聲的掩護，將切塊的木頭搶運下山。

氣候不佳時，山區容易路滑或落石，增加警方許多查緝風險，為了保障同仁安全，除非情報來源十分可靠，否則非不得已警方不在此時入山；如果決定在氣候不佳時入山，又幸運的遇上嫌犯，想要來個人贓俱獲，不要命的嫌犯一被追捕，馬上會利用地形地物和惡劣天氣逃逸，或直接將木塊拋落山谷，警方基於同仁安全，也不可能緊追在後，拋落山谷的木塊亦無從找起；加上盜伐者對當地地形遠比警方來得熟悉，又隨身攜帶獵槍入山打獵，就地補充食物，一旦緝捕不成，兩方駁火，不熟悉地形的警方可能死傷慘重。㉚綜合歸納下來，在氣候不佳時入山盜伐的山老鼠，以乎難以加以整治。

為了給這些利用天氣犯案的山老鼠一點顏色瞧瞧，警方決定施展「苦肉計」，假裝身受重傷的登山大學生，誘使嫌犯上前救助，再加以制服。只要假裝受傷的員警能吸引嫌犯靠近，憑藉警方柔道、綜合逮捕術等訓練，一定能制伏嫌犯，並使嫌犯沒有丟棄證物的機會。

為了達到緝捕目的，警方調查轄區內可能被嫌犯利用來出入山區的路線，加上先前清查山地時歸納的山林資源分布資訊，大致上推估出嫌犯搬運木塊可能行走的動線。既然嫌犯利用氣候不佳入山盜伐，那樣警方就以其人之道還治其人之身，也利用壞天氣來欺騙嫌犯。在選定嫌犯最可能出現的登山口後，警方進行埋伏，算準嫌犯可能下山時間，便請四位年輕同仁偽裝成大學生登山客，其中一位偽裝為遭到落石擊中骨折受傷，躺在地上等待救援。偽裝的同仁為了逼真，甚至找來動物血跡灑在遭落石擊中的腳上，還砍下樹幹做成簡易固定夾板，整個模仿得唯妙唯肖。

此時嫌犯一干人等一如預料背負木塊下山，見到路邊有大學生遭落石砸傷，先將木塊卸下，休息一番後即準備要幫忙大學生療傷。其他偽裝的同仁則利用與幾位嫌犯閒聊的時候，控制到獵槍，暗號一起再迅速掏槍壓制嫌犯。嫌犯此時面露十分驚訝的表情，因為他們根本沒想到警方竟會在天候不佳的時段入山查緝，更沒想到警方會扮成受傷的大學生使他們失去戒心。這批山老鼠最後只好乖乖束手就擒，相關證物亦順利查扣到案。

偵查小知識

㉚根據《槍砲彈藥刀械許可及管理辦法》第十五條規定，原住民因狩獵、祭典等生活需要，得申請製造、運輸或持有自製之獵槍、魚槍。第二條有關自製獵槍的定義，係指原住民傳統習慣專供捕獵維生之生活工具，由申請人自行獨力或與非以營利為目的之原住民協力，在警察分局核准之報備地點製造完成；其結構、性能須逐次由槍口裝填黑色火藥於槍管內，以打擊底火或他法引爆，將填充物射出。其填充物，指可填充於自製獵槍槍管內，遠小於槍管內徑之固體物如玻璃片、彈丸等，供發射之用。因此，雖為自製獵槍，但對動物仍具有一定殺傷力，若在山區發生槍擊案件，因為送醫不便，通常容易造成嚴重傷亡。

第三十五計　連環計

計謀釋義

《三十六計．敗戰計．連環計》原文為：「將多兵眾，不可以敵，使其自累，以殺其勢。在師中吉，承天寵也。」意指敵方兵力強大，不能硬攻，應當運用謀略，使其自我牽制，藉以削弱敵方自己的力量。這就像《易經．師卦》所說的：「將帥靠的是不偏不倚的指揮；慣打勝仗、得到老天爺照顧，主要是因為他用兵如神的原故。」

「連環計」字面上的意思是設下連環的圈套，使敵人深信不疑。「連環計」計是一計累敵，一計攻敵，兩計扣用。此計正文的意思是如果敵方力量強大，就不要硬拼，要用計使其自相鉗制，藉以削弱敵方的戰鬥力。巧妙地運用謀略，就如有天神相助。此計的關鍵是要使敵人「自累」。「自累」就是指被首一計鉗制，背上包袱，使其行動不自由，這樣就能創造我方良好的條件，用第二計圍殲敵人。廣義來說，只要兩個以上的計策連用就稱「連環計」，但並不是說計謀使用得愈多就愈好，而是必須要重視用計的品質，重點在「使敵自累」，只要能達敵人自累，哪怕只用上兩個計也是可以的。

古代戰例

宋代將領畢再遇分析金人強悍，騎兵尤為勇猛，如果正面交戰往往造成重大傷亡。所以他用兵不喜硬碰硬，而是藉由觀察，了解住敵人的重大弱點，設法鉗制敵人，尋找良好的戰機。某次畢再遇又與金兵遭遇，他命令部隊不得與敵正面交鋒，改採遊擊流動戰術。敵人前進，他就令隊伍後撤，等敵人剛剛安頓下來，他又下令出擊，等金兵全力反擊時，他又率領隊伍跑得無影無蹤。就這樣，退退進進，打打停停，把金兵搞得疲憊不堪；金兵想打又打不著，想擺脫又擺脫不掉。

到了夜晚，金軍人困馬乏，正準備回營休息。畢再遇準備了許多用香料煮好的黑豆，偷偷地撒在陣地上，然後突襲金軍。金軍無奈，只得盡力反擊。畢再遇的部隊並不戀戰，甫一接敵，又全部佯敗撤退。金軍想乘勝追趕。誰知金軍戰馬東跑西追，又餓又渴，聞到地上有香噴噴的黑豆，只知貪吃，任由金軍用鞭抽打，再也不肯前進一步。金軍調動不了戰馬，陣式混亂。畢再遇先用游擊戰累敵，再用美食鉗制敵方戰馬，一計連用後，調集全部隊伍，從四面包圍過來，殺得金軍人仰馬翻，大獲全勝。

警界與匪鬥智之「連環計」篇

機車是臺灣庶民階層最常使用的交通工具。巷道林立、寸土寸金的都會區，還是以機車的機動性要屬最高，也最容易找到停車位。但相對的，路上跑的機車數量大，保養及汰換的需求大，黑市對於機車及其零件的需求力道也十分強大，機車竊盜案件也就跟著居高不下。

某段時間開始，轄區內的機車竊盜案節節上升，原來是眾多新興社區陸續建設完畢，大量外來人口進住，同時帶來了許多機車族群；能下手的目標變大了，機車竊案也就跟著增加。雖然警方祭出了眾多查緝與預防策略，從提醒住戶停車記得拔機車鑰匙、適度加大鎖、零件烙碼、停放在燈光明亮處，到加強巡邏等等，但似乎未能收到成效。

經由以往查獲到的機車竊盜犯口中得知，部分機車行為了賺取暴利，已經淪為機車竊盜之幫兇，比如銷售贓車零件、協助改裝贓車、提供「套裝」車輛販售等作為，某些不肖的機車行都能幫忙處理，減輕了竊盜犯後續的銷贓麻煩，變相鼓勵了相關不法行為。為了要壓制此種日益猖獗的犯罪，轄區警方想出了一連串的策略，決定從機車行下手，斷絕此一重要銷贓管道，增加機車竊盜犯的銷贓風險，讓他們知難而退。

警方平常就常利用戶口查訪時段，請派出所員警至各機車行宣導預防竊盜的重要性，同時也希望機車行不要使用來源不明零件，以免造成上門的顧客誤用贓貨、增加鄰近地區的機車失竊率。但總有一些機車行仍然我行我素，陽奉陰違。警方決定使出一連串霹靂手段，多管齊下，讓這些機車行知所警惕。為了確認轄區哪些機車行可能有從事收贓行為，警方先做足功課，收集各項資訊，包括從已經捕獲的竊嫌口中探聽、派出線民觀察等等，最後鎖定幾家涉有重嫌的機車行，準備拿他們開刀，讓他們永遠無法營業。

首先必須確認這些可疑機車行的供貨來源。於是警方請熟悉監視系統的民間友人與當地有線電視業者幫忙，在機車行附近電線桿上先裝上監視器，將影像藉由有線電視業者的網路，同步傳送至警察局。長時間觀察，記錄下出現在可疑機車行的可疑供貨車輛車號後，再逐一利用全轄區車牌監視系統，比對供貨車輛的車行軌跡，果然追蹤到拆解零件的地下工廠位置。馬上申請搜索票，先破獲這些拆解失竊機車的解體工廠，再從工廠裡搜出的出貨單據資料，向法院申請更多搜索票，搜索這些收贓的機車行。

當警方持搜索票及工廠出貨單到達這些可疑機車行後，老闆一開始大吃一驚，但很快就老神在在，因為這些老闆們心想沒有引擎號碼以外的資料，難以證實機車行裡擺放的二手零件是失竊的「殺肉貨」。確實，一台機車除了引擎號碼與少部分車身龍骨上可能打印有序號外，其他重要零件，如輪胎、鋼圈、坐墊、外殼、避震器等，幾乎不可能確認來源；換句話說，警方就算認為車行內擺放的零件是贓物，警方也很難證明其非法而可以將老闆移送法辦。

但警方策畫已久的行動，怎可能像涉案機車行老闆所設想的那樣，輕易的就被困住？既然搜索票上已經記載搜索標的是跟犯罪有關的物品，所以警方先搜查店內有無明確標記的二手贓物。當然第一時間店內目視所及都是散落的零件，無法確認來源，警方假意徒呼負負。

隊長：「唉！算了，沒辦法確認零件來源就準備收隊吧！」隊員：「可是不能來一下就閃人，不然檢察官會認為我們辦事不力，只在應付他。至少店內其他東西我們也看一下吧？比如電腦裡面的資料檔案我們開來看一下，這樣也比較好交代。」涉案老闆看到警方似乎使不上力，以為接下來的作為只是要應付檢察官，戒心大大降低，也就十分配合的把店內電腦資料開啟，供警方查閱。其實警方此是「假道伐虢」——假裝搜不到贓物要收隊前，開開檔案應付上司，其實要的正是電腦裡所記錄，曾更換大部零件的客戶資料。這資料主要用來作為日後查贓工作的後續指引。

隊員：「電腦都開了，你也順便拿帳冊給我們翻一翻吧！」涉案老闆大概也以為只是看個帳冊，無傷大雅，便把帳冊交給警方影印。警方影印完，請老闆簽名確認後，就將帳冊還給業者。

回到警局，警方馬上就電腦資料裡篩選出曾更換大部零件的客戶，請他們到警局協助調查。若發現他們所使用的零件上有特殊痕跡，例如擦痕、撞擊痕、個性化貼紙等，則拍照存證，再比對舊有的機車失竊筆錄資料，請可能的失主前來指認。這麼一比對，果然找出好幾名失主的機車零件係由這幾件涉案的機車行更換給不知情的客戶。警方於是檢具被害者指認筆錄與更換零的客戶資料，函送給檢察官偵辦。

另一方面，警方「順手牽羊」，利用查詢店家電腦時順便影印下來的店家帳冊資料，同步供給國稅局，請國稅局查核這些涉案店家是否漏開發票或是逃稅。想當然爾，藉由國稅局的專業查核——合理估算可能的營業額以及實際營業的差距，隨後即對這些店家開出相當大金額的補稅單或逃漏稅罰單。本來偵查隊還想要「趁火打劫」，在這些涉案機車行焦頭爛額時，再請分局規劃針對這些店家的臨檢勤務。可沒想到，還沒以行政手段斷他們財路，這些有問題的機車行均已陸續歇業，無從臨檢起了。

原來，警方連續使出幾招查緝手段，已發揮極大功效，業者自知無法對抗，乾脆停業。而警方「釜底抽薪」，將機車竊犯拿機車換現金的管道完全斷除，從根本解決了轄內機車失竊的治安問題。

第三十六計　走為上

計謀釋義

《三十六計・敗戰計・走為上》原文為：「全師避敵，左次無咎，未失常也。」意指全軍退卻，甩開敵人，這符合《易經・師卦》所說的：「以退為進，並沒有錯」的精神；退守之後再待機破敵，這樣做並不違背正常的用兵法則。

「走為上」計名出自《南齊書・王敬則傳》，它的中心思想是：萬一事情發展到無可奈何的地步，只好先走再說，此意即保留實力——留得青山在，不怕沒柴燒。當敵方已占優勢，我方既不能戰勝，為了避免與敵人決戰，我方遭到全殲，只有三條出路：投降，講和，撤退。三者相比，投降是澈底失敗，講和也是失敗了一半，而撤退保留實力，不能算失敗。撤退，可以轉敗為勝。當然，撤退並不是消極逃跑，主動撤退還可以誘敵再加以埋伏，敵人被調動的過程中也可能製造對我方有利的戰機。所以「走為上」

在謀略中也是上策。

古代戰例

楚莊王為了擴張勢力，發兵攻打庸國。沒想到庸國舉國奮力抵抗，楚軍一時間竟難以推進。庸國在一次戰鬥中俘虜了楚將楊窗，但由於庸國疏忽，三天後，楊窗竟從庸國逃了回來。楊窗回報了庸國國內的情況說：「庸國人人奮戰，如果我們不調集主力大軍，恐怕難以取勝。」但楚將師叔卻建議用佯裝敗退之計，以驕庸軍。再次接戰不久，楚軍假裝難以招架，敗下陣來。庸軍連連告捷，不由得驕傲起來，慢慢地就不把楚軍放在眼裡，鬥志也漸漸鬆懈。

此時，楚莊王率領其他增援部隊趕來，師叔說：「我軍已七次佯裝敗退，庸人已十分驕傲，現在正是發動總攻的大好時機。」楚莊王便下令兵分兩路進攻庸國。庸國將士怎麼也不會想到楚軍突然殺回，倉促應戰，結果抵擋不住。楚軍於是一舉消滅了庸國。

警界與匪鬥智之「走為上」篇

臺灣地狹人稠，隨著都市化程度提高，住宅需求大增，都會的外圍「蛋白區」，建商陸續投資建造了許多集合式住宅。這些集合式住宅的共同特色是基地小小的，但卻容納了數百戶，甚至上千戶。雖然這類社區每戶面積不大，空間略嫌擁擠，卻也滿足了大部分民眾住的需求。

假如當初建商建造這類集合式住宅之初，即以便宜為主打訴求，使用之建材與售價都廉價，購入居住的人，也多屬於收入較低的民眾。他們平常為三餐奔走打拚，沒有時間關心社區問題。加上居民組成分子複雜，久而久之，便容易成為龍蛇混雜，易被宵小盯上的處所。若一個警勤區內有兩處類似的集合式住宅，現況上派出所警員並無能力落實勤區訪查工作，對這類集合住宅的治安維護更是難有把握。

某日晚上接獲勤指中心通報，轄區內某處集合式住宅發生竊盜案。承辦員警本以為是居民返家後，發現住家遭竊後報警的一般刑案；但抵達現場後，才發現情況不同一般。原來歹徒潛入該社區行竊，逐一敲門，發現無人在家即試圖闖入。沒想到順利闖入某戶，正好遇到屋主返家。由於屋主面容較為「兇惡」，又是從事冷凍空調工作，全身肌肉發達，當下即擋住小偷去路。小偷發現並非屋主對手，只好往窗外逃逸。但該宅位於七樓，小偷不可能直接往下跳，只好順著屋外排水管往下爬。屋主見狀趕緊撥打一一〇。警方趕到現場時，小偷眼見往下沒有退路，只好往上爬。警方既想趕快將小偷逮捕歸案，但又怕過度驚嚇，導致小偷墜樓，招來執法過當的非議，也只能先加以監控。

誰知小偷在往上爬的過程中找到一處窗戶未鎖上的陽台，潛入該戶後消失在大家眼前。可以確定的是，小偷一定還在社區內，但是社區戶數眾多，要知道小偷去向，談何容易。一下子也無法抽調那麼多警力前來逐戶訪查。加上社區內有許多如地下停車場、機電間、管道間、頂樓、馬達房、蓄水池、化糞池等公共空間可供躲藏，警方只能先透過管委會的社區廣播系統提醒住戶緊閉門戶，暫時不要外出，避免與嫌犯接觸。等到警力足夠再逐戶進行搜索。

案發當下警方確實已經將一樓、地下室等出入口嚴密封鎖，可等支援警力到場，花了近兩個小時搜索，仍遍尋不著小偷下落。警方一方面重複確認搜索範圍，一方面比對轄區內近來發生的類似案件——這類案件現場均遺留下光腳的脫鞋足跡，研判是蜘蛛大盜為了徒手攀牆方便，所以脫鞋爬進住宅。這類蜘蛛大盜必須有強健的臂力與腳力以及相當的膽識，才能犯下這類案件，否則早就墜樓而死。而消失在眼前的小偷也有相同條件。警方研判前幾個轄區內未破的闖空門案件，應該就是今日這名小偷所為。若能順利將他緝捕歸案，等於同時破了幾個月以來的積案。

為了引誘小偷現身，警方決定先行撤退，僅留下三名偵查隊便衣警員在場。這三名警員穿著T恤、短褲、拖鞋，佯裝成住戶。警方撤離時也透過大樓的廣播系統，告知住戶狀況已經解除。

不過三名留守警員等待許久，仍不見小偷蹤影，開始懷疑偵查隊長的判斷是否正確——搞不好小偷已竊取其他住戶衣物，鞋子，佯裝成一般住戶離開；甚至進入屋主尚未返家的屋子內，將全身髒汙洗乾淨再從容離開社區、脫離警方掌握。但偵查隊長研判小偷的反應和機智應該還不到這個程度。自己要大隊人馬先行撤離的「走為上」策略，應該能順利解除小偷的戒心。而目前小偷不露面，只因為稍早看到大批警力到場，一時驚嚇過度的關係。在這種心理狀況下，他應該會觀望再觀望，確定百分之百安全後才會試著離開。所以隊長要求留守的隊員一定要堅持下去，持續與社區管理員在出入口辨識進出人員。

果然不久之後，有一渾身髒汙，穿著不合腳拖鞋的陌生人在後門探頭探腦，打算從社區離開。他全身上下沾滿灰塵，與本社區住戶工作一整天，回家時衣褲髒亂，晚上洗完澡再出門吃宵夜、較為乾淨的態樣正好相反。留守警員當下研判該人即為竊賊，立即上前問候一句：「躲那麼久，不會累嗎？我們等你都等到累了。」該員當下表情錯愕，立馬拔腿狂奔。埋伏在附近的同仁見狀馬上加以擒獲，順利將小偷逮捕歸案；事後亦證實他是犯下轄內多起蜘蛛大盜竊案的嫌犯；「走為上」計一口氣幫助警方破了許多積案！

參考文獻（依作者姓名筆畫排列）

書面資料

■ 于汝波《三十六計的智慧》，臺北：大地出版社，二〇〇六年。

■ 孔幹《三十六計古今談》，北京：中國經濟出版公司，一九九一年。

■ 王明耀〈談判三十六計—引蛇出洞法、刀削法〉，《農訓雜誌》十四卷十二期，一九九七年十二月，頁三八—四〇。

■ 王明耀〈談判三十六計—軟硬兼施法〉，《農訓雜誌》十五卷十一期，一九九八年十一月，頁三二—三三。

■ 王明耀〈談判三十六計—漫天叫價法、引經據典法〉，《農訓雜誌》十四卷八期，一九九七年八月，頁七九—八一。

■ 王明耀〈談判三十六計—潑冷水法〉，《農訓雜誌》十四卷七期，一九九七年七月，頁二〇—二一。

■ 王明耀〈談判三十六計—調解法〉，《農訓雜誌》十四卷十期，一九九七年十月，頁八二—八三。

■ 王明耀〈談談判三十六計—喧賓奪主法〉，《農訓雜誌》十四卷六期，一九九七年六月，頁二二—二三。

■王淑妙《三十六計—中國的致勝秘訣》，臺南：西北出版社，一九九三年。
■司馬烈人解譯《三十六計現代釋用》，北京：中國華僑出版社，二〇〇五年。
■守屋洋《兵法三十六計》，臺北：滿庭芳出版社，一九九二年。
■艾文等改編、劉建平等繪畫《兵法三十六計—連環畫》，北京：中國連環畫出版社，一九九二年。
■余日昌《法計合韻—《孫子兵法》與三十六計》，北京：中國人民大學出版社，二〇〇三年。
■李明陽《商戰三十六計》，臺北：智慧大學出版社，二〇〇七年。
■李煥明〈中國傳統的智慧寶典—易略（長短略）、長短經及三十六計—一—〉，《中華易學》總一七六期，一九九四年一〇月，頁八—一一。
■李煥明〈中國傳統的智慧寶典—易略（長短略）、長短經及三十六計—二—〉，《中華易學》總一七七期，一九九四年十一月，頁六—一〇。
■李煥明〈中國傳統的智慧寶典—易略（長短略）、長短經及三十六計—三—〉，《中華易學》總一七八期，一九九四年十二月，頁六—一〇。
■李煥明〈中國傳統的智慧寶典—易略（長短略）、長短經及三十六計—四—〉，《中華易學》總一七九期，一九九五年一月，頁六—九。
■李煥明〈中國傳統的智慧寶典—易略（長短略）、長短經及三十六計—五—〉，《中華易學》總一八〇期，一九九五年二月，頁六—一〇。
■李煥明〈中國傳統的智慧寶典—易略（長短略）、長短經及三十六計—六—〉，《中華易學》總一八一期，一九九五年三月，頁六—八。
■李煥明〈中國傳統的智慧寶典—易略（長短略）、長短經及三十六計—七完—〉，《中華易學》總一八二期，一九九五年四月，頁六—八。

■ 李曉波《三十六計精髓．活用三國演義》，臺北：金文鼎出版公司，二〇一三年。
■ 李璞良《智謀精粹—新三十六計》，臺北：絲路出版社，一九九三年。
■ 汪睿祥〈三十六計的象思惟〉，《本土心理學研究》七期，一九九七年六月，頁二一—二九。
■ 沈天月《三十六計之《三國志》精髓演繹》，臺北：黃金屋文化，二〇〇九年。
■ 沈天月《三十六計之《水滸傳》精髓演繹》，臺北：黃金屋文化，二〇〇九年。
■ 東野君《三十六計人生智典》，臺北：智慧大學出版社，二〇〇六年。
■ 東野君《實戰智典三十六計》新北：智慧小房子出版社，二〇〇九年。
■ 侯荔江《商戰三十六計》，成都：四川人民出版社，一九九二年。
■ 胡慧文譯《現代兵法三十六計》，臺北：宇河文化，一九九二年。
■ 馬森亮〈何謂三十六計及其源流〉，《藝文誌》一二四期，一九七六年一月，頁五四—五六。
■ 崔文良、于桂華主編《三十六計智謀大全》，臺北：六統文化，二〇〇七年一一月。
■ 紹筠《三十六計精髓》，臺北：漢藝色研出版社，一九九三年。
■ 許偉銘《三十六計之兵家策略思想探討——以兵經為分析架構》，桃園：中央大學企業管理研究所碩士論文，二〇〇〇年。
■ 陳書凱編譯《給年輕人讀的三十六計》，臺南：西北文化，二〇一一年。
■ 勝雅律《三十六計的管理智慧》，臺北：知識流出版公司，二〇〇五年。
■ 曾仕強〈捉住三十六計的精髓—為什麼「走」為上策？〉，《統領雜誌》一六二期，一九九九年一月，頁一二〇—一二二。
■ 雲蔚《三十六計與處世智慧》，廣州：廣東高等教育出版社，一九九二年。
■ 新雁《三十六計與《西遊記》》，高雄：派色文化發行，一九九八年。

- 鄒德金主編《名家注評《孫子兵法》與三十六計》，天津：天津古籍出版社，二〇〇八年。
- 蔡憲昌〈《易經》與中國兵學思想〉，《嘉義大學通識學報》五期，二〇〇七年九月，頁五五—一五三。
- 衛生保《活用三十六計謀略》，臺北：文經社，二〇〇九年。

網路資料

- 古詩文網/三十六計，http://www.gushiwen.org/guwen/sanshi.aspx。
- 古籍全錄/三十六計，http://guji.artx.cn/Article/7999.html。
- 百度百科/三十六計，http://baike.baidu.com/subview/4897/7103820.htm。
- 阿盛解說三十六計，http://sheng.phy.nknu.edu.tw/wjs-260603.htm。
- 《孫子兵法》、三十六計詳解，http://tw.aboluowang.com/2013/1229/360209.html#sthash.fAyZEX6X.dpbs。
- 漫畫三十六計，http://36.bigbluelinks.com/。
- 維基文庫/三十六計，http://zh.wikisource.org/wiki/%E4%B8%89%E5%8D%81%E5%85%AD%E8%A8%88。
- 數位僑教系列/三十六計，http://media.huayuworld.org/interact/ebook/36story/。
- 勸學網/三十六計，http://www.quanxue.cn/ct_bingfa/jiIndex.html。

Do科學10　PF0198

想逃？沒那麼容易！
──看現代犯罪偵緝如何實踐三十六計

作　　者／曾春僑、鄒濬智
責任編輯／徐佑驊
圖文排版／周政緯
封面設計／葉力安

發 行 人／宋政坤
出　　版／獨立作家
地址：114 台北市內湖區瑞光路76巷65號1樓
電話：+886-2-2796-3638　傳真：+886-2-2796-1377
服務信箱：service@showwe.com.tw
http://www.bodbooks.com.tw
印　　製／秀威資訊科技股份有限公司
http://www.showwe.com.tw
展售門市／國家書店【松江門市】
地址：104 台北市中山區松江路209號1樓
電話：+886-2-2518-0207　傳真：+886-2-2518-0778
網路訂購／http://www.govbooks.com.tw
法律顧問／毛國樑　律師
總 經 銷／時報文化出版企業股份有限公司
地址：333桃園縣龜山鄉萬壽路2段351號
電話：+886-2-2306-6842

出版日期／2016年11月　BOD一版　**定價**／300元

獨立作家
Independent Author
寫自己的故事，唱自己的歌

想逃?沒那麼容易! : 看現代犯罪偵緝如何實踐三十六
計 / 曾春僑, 鄒濬智 著 -- 一版. -- 臺北
市 : 獨立作家, 2016.11
面 ;　公分. --(Do科學 ; 10)
BOD版
ISBN 978-986-93630-7-5(平裝)

1. 刑事偵察

548.6　　　　105019099

國家圖書館出版品預行編目

讀者回函卡

感謝您購買本書，為提升服務品質，請填妥以下資料，將讀者回函卡直接寄回或傳真本公司，收到您的寶貴意見後，我們會收藏記錄及檢討，謝謝！

如您需要了解本公司最新出版書目、購書優惠或企劃活動，歡迎您上網查詢或下載相關資料：http:// www.showwe.com.tw

您購買的書名：________________________________

出生日期：________年________月________日

學歷：□高中（含）以下　□大專　□研究所（含）以上

職業：□製造業　□金融業　□資訊業　□軍警　□傳播業　□自由業

□服務業　□公務員　□教職　□學生　□家管　□其它______

購書地點：□網路書店　□實體書店　□書展　□郵購　□贈閱　□其他

您從何得知本書的消息？

□網路書店　□實體書店　□網路搜尋　□電子報　□書訊　□雜誌

□傳播媒體　□親友推薦　□網站推薦　□部落格　□其他__________

您對本書的評價：（請填代號　1.非常滿意　2.滿意　3.尚可　4.再改進）

封面設計____　版面編排____　內容____　文／譯筆____　價格____

讀完書後您覺得：

□很有收穫　□有收穫　□收穫不多　□沒收穫

對我們的建議：________________________________

____

____

____

請貼
郵票

11466
台北市內湖區瑞光路 76 巷 65 號 1 樓

獨立作家讀者服務部　收

（請沿線對折寄回，謝謝！）

姓　名：＿＿＿＿＿＿＿＿　年齡：＿＿＿＿　性別：□女　□男

郵遞區號：□□□□□

地　址：＿＿＿＿＿＿＿＿＿＿＿＿＿＿＿＿＿＿

聯絡電話：(日)＿＿＿＿＿＿＿＿＿＿ (夜)＿＿＿＿＿＿＿＿＿＿

E-mail：＿＿＿＿＿＿＿＿＿＿＿＿＿＿＿＿＿＿